带团队的第一年

从会工作到善管理

杨光瑶◎编著

中国铁道出版社有限公司

CHINA RAILWAY PUBLISHING HOUSE CO., LTD.

北 京

图书在版编目（CIP）数据

带团队的第一年：从会工作到善管理 / 杨光瑶编著 .—北京：
中国铁道出版社有限公司，2024.1
ISBN 978-7-113-30280-1

Ⅰ. ①带⋯　Ⅱ. ①杨⋯　Ⅲ. ①企业管理 - 团队管理
Ⅳ. ① F272.90

中国国家版本馆 CIP 数据核字（2023）第 097886 号

书　　名：带团队的第一年——从会工作到善管理
　　　　　DAI TUANDUI DE DI-YI NIAN—CONG HUI GONGZUO DAO SHAN GUANLI
作　　者：杨光瑶

责任编辑：王　宏　　　编辑部电话：（010）51873038　　　电子邮箱：17037112@qq.com
装帧设计：宿　萌
责任校对：苗　丹
责任印制：赵星辰

出版发行：中国铁道出版社有限公司（100054，北京市西城区右安门西街 8 号）
印　　刷：河北宝昌佳彩印刷有限公司
版　　次：2024 年 1 月第 1 版　2024 年 1 月第 1 次印刷
开　　本：710 mm × 1 000 mm　1/16　印张：13.75　字数：219 千
书　　号：ISBN 978-7-113-30280-1
定　　价：69.80 元

前言

　　在职业生涯中，每一位职场人士都可能面临多次关键转型。第一次关键转型是从试岗员工到普通员工；第二次是从普通员工到骨干员工；第三次是从骨干员工到管理者；第四次是从管理者到卓越领导者。在这几次转型中，比较困难的是从骨干员工到管理者的转型。

　　被提拔为管理者后，你可能会有种种困惑。

　　作为优秀的业务骨干，即使面对高难度的工作也能得心应手、游刃有余，但在转变为团队管理者后，面对带团队这件事，往往感到无法适应，不知道该从哪里下手？

　　从个人贡献者到团队管理者，在成功转型的路上，大多数新晋管理者都会遇到挫折和挑战。这些挫折和挑战可能来自多方面，如角色转换后不适应新的工作方式、不能与上级/下级/同级建立良好的工作关系、无法有效辅导下属和激励团队、难以把握好授权与控制……

　　面对转型之路上存在的难题，新晋管理者要如何快速调整心态和工作方式，适应新岗位呢？为此，作者编著了本书。本书可以帮助读者顺利实现"团队带头人"的身份转变，走出对上管理、对下管理和横向管理的误区，练就高效团队管理的基本功。

全书共九章，可大致划分为六部分。

◆ 第一部分为第 1 章，主要介绍从骨干员工到管理者，要如何正确认识自我，包括如何转变心态和立场、如何将自己定位为"管理者"、如何适应职责转变，以及如何适应技能转变等内容。

◆ 第二部分为第 2 章，以自我管理为核心，详细介绍上任第一年要如何做好时间管理、应对压力和情绪、提升自信力，以及如何进行任务管理。

◆ 第三部分为第 3 章，对转型之初的日常管理工作提供实用指导，如工作分配、员工辅导、工作汇报和会议召开等。

◆ 第四部分为第 4～5 章，强调角色转变后如何实现工作模式的进阶，具体由内部沟通、团队激励、管理决策和员工授权四部分构成。

◆ 第五部分为第 6～8 章，详细介绍成为一名优秀管理者需具备的能力，包括培养下属、提升成员凝聚力和灵活运用制度和流程。

◆ 第六部分为第 9 章，介绍如何应对管理职业生涯中的疑难问题，如应对下属的抱怨、识别"问题员工"、调解团队冲突，以及疏导员工的负面情绪。

本书立足于新晋管理者的工作现状，结合常见的角色转变困境，用简洁的语言解读如何应对晋升管理后的各种挑战，同时以案例、表格和图示的方式展示了管理实务中的具体方法和技巧，让读者能够在工作中加以运用。

最后，希望所有读者都能从本书中学到有用的团队管理技能，成功实现"角色"过渡，打造出高绩效团队。

编　者

2023 年 10 月

目录

第1章 业务骨干跨越到管理岗位的角色转变

01 自我检测：为什么升职后反而做不好工作 /2

02 从业务骨干转变为管理者，要面临四大突破 /3

03 业务骨干走向管理岗位，心态、立场和思维如何调整 /5

04 角色认知，将自己定位为"管理者" /8

05 构建人际关系网络，获得上级支持下级协作 /10

06 适应职责转变，理清管理岗位的工作内容 /12

07 适应技能转变，新任管理者的四项基本能力 /15

08 新任管理者的"三要两不要" /16

09 如何成功转型，学会寻找转型的助力资源 /18

第 2 章　上任第一年如何做好自我赋能管理

01　少走弯路：自我认知的五个误区和三个对策 /21

02　新岗位时间分配，学会要事优先的五大方法 /25

03　上任之初的心态调整，如何应对压力和情绪 /27

04　提升自信力，学会自我激励的技巧 /32

05　让管理更有效，设定新工作目标的四个步骤 /34

06　平稳转型：自我任务管理的四个有效工具 /37

07　提升管理能力，新晋管理者的学习与成长方法 /38

08　工作效率提升 40% 的三个方法 /40

第 3 章　"变身"主管如何高效开展日常工作

01　给下属有效分配工作的五个步骤 /44

02　实施过程中进行跟进、监控，确保执行到位 /46

03　从容处理下属的过失，用辅导提供支持 /49

04　运用三大工具规范地接受并执行工作 /52

05　做好工作汇报的三个要点和两个技巧 /54

06　让新员工快速适应岗位工作的操作指南 /58

07　会前四定：开一场高效且有用的会议 /61

08　如何运用移动工具开线上远程会议 /64

第4章　用沟通与激励获得上下级支持

01　与下属交流，学会这三个沟通方法　/68

02　说服下属的四个步骤和五个技巧　/71

03　向上沟通四法则，建立双赢上下级关系　/73

04　跨部门沟通，不做于事无补的指责　/76

05　做有效沟通者，倾听与反馈的技巧　/79

06　用赏识来激发下属，正面激励的五种方法　/82

07　激励技巧：正确表扬和批评的技巧　/86

08　正确运用考核激励的"指挥棒"　/89

09　依据下属真实需求，实施不同的激励手段　/92

第5章　角色转变的两个进阶：决策与授权

01　利用思考系统做决策前的分析和判断　/96

02　头脑风暴法，四步提高决策的质量　/99

03　有效授权的准备和四个重要原则　/103

04　管理者要避开的三个授权陷阱　/105

05　授权的方法，让员工清楚任务要点　/107

06　反馈控制：检查授权后的工作成效　/110

07　如何评价授权工作的成果和状况　/112

08　授权工作纠偏的有效方法　/115

第6章　从管理个人到培养下属的挑战

01　如何帮助员工制定职业规划方案 /118

02　慧眼识才，发现下属优势的五种方法 /122

03　新员工培养攻略：巧妙运用"师徒制" /126

04　如何把普通员工培养成得力干将 /129

05　针对员工层级建立培训辅导体系 /132

06　避免员工培训辅导的三个误区 /136

07　如何开展线上网络团队培训 /138

08　帮助成员不断进步，团队学习的有效形式 /141

第7章　做优秀带头人提升成员凝聚力

01　信任关系建立和维护的六个关键要素 /146

02　建立默契团体关系的三个技巧 /147

03　修炼领导能力，运用人才搭配的策略 /148

04　打造高协调团队，破解团队协作的五大障碍 /150

05　团队优化调整三个要点 /155

06　领导者如何树立权威，这三招赢得员工尊重 /161

07　四个关键点，提高凝聚力留住团队核心人才 /163

第 8 章　学会用制度和流程来让执行加速

01　落实岗位责任制，谁的工作谁负责 /166

02　如何制定一套合理的绩效考核机制 /168

03　提升员工绩效的过程管理方法 /172

04　制度落实不了的原因和解决策略 /173

05　提高制度执行效力的步骤 /175

06　流程管理的基本步骤 /176

07　流程管理的设计原则，决定其效用 /178

08　三个让流程管理事半功倍的方法 /179

09　学会对流程进行分类 /181

10　掌握流程管理体系，让流程落地 /184

11　流程管理的直观表现——流程图 /185

第 9 章　应对管理职业生涯的疑难问题

01　应对下属抱怨要遵循的四个步骤 /190

02　识别"问题员工"，用不同方法应对 /194

03　如何应对下属不接受工作变化的情况 /198

04　团队合作不齐心，运用补位机制 /199

05　团队成员之间产生冲突的调解方法 /201

06　如何让低绩效员工自觉工作 /202

07　员工有负面情绪，管理者该如何疏导 /208

第1章

业务骨干
跨越到管理岗位的角色转变

对于起步于基层专业岗位的新任管理者来说，他们拥有很强的业务能力，曾是企业的骨干员工。走上管理岗位后，是否能适应自身角色的转变，这影响着管理工作的成效。那么新晋管理者要如何做好角色认知定位和身份转换呢？

01
自我检测：为什么升职后反而做不好工作

从业务骨干提拔到管理岗位后，很多新上任的管理者常常会有疑惑：为什么升职后反而做不好工作了？且存在如下一些问题。

①每天总是很忙，业务与管理不能两手抓，既没有做好管理工作也没有做好以前擅长的个人业务。

②升职初期不能快速适应新岗位身份，无法处理好与同事之间的关系，难以胜任管理岗位。

③自身业务很强，但无法发挥管理岗位职能，致使团队工作效率很低，无法完成部门的任务目标，实现企业的期望。

……………

作为管理新人，在面对以上问题时要学会自我检测，找到自身无法适应管理岗位工作的原因，一般来说主要有以下三点。

◆ 不清楚管理者与业务骨干职责的差异

管理岗位与业务骨干的工作职责是不同的。不少新人业务骨干在晋升为管理者后，做的仍然是自己所擅长的业务或技术专员的工作，而很少关注管理者应承担的工作内容，如设定目标、任务分配和执行推进等。

管理者要学习理解管理与基层员工工作职责的差异，不应局限于过去的工作习惯，要将工作重心聚焦在"管理"上，明确管人与管业务的关系，只有这样才能更快适应管理岗位工作。

◆ 所有事情亲力亲为，不敢把工作授权给下属

对于普通员工来说，他们只需管理好自身，做好本职工作即可，而对于管理者来说，不仅要管好自己，还要管好团队。面对角色的转换，不少初上任的管理者因为不懂如何调动团队资源，甚至怕把工作交给下属后自己没有功劳或者不放心把工作交给下属，凡事都要亲力亲为，结果导致每天都很忙，工作起来也无法像以前一样得心应手。

管理工作比较繁杂，学会授权和利用手上的资源可以让自身更快地适应新职位，同时也使管理工作变得更轻松。

◆ 缺乏管理岗位必备的技能，无法处理好同事之间的关系

成为管理者后，会面临更多管理工作的挑战，如协调上下级关系、员工工作辅导和建立高效的团队等，新任管理者如果缺乏这些管理技能，就很难完成转型。

另外，与普通员工不同，企业对于管理者会有更高的要求和期望，因此，要让自己在升职管理岗位后也能很好的胜任，就要全面提升管理所需的能力。

02
从业务骨干转变为管理者，要面临四大突破

业务骨干转变为管理者之初，势必会遇到一些挑战和困难，管理者要平稳实现从业务骨干到管理者的转型，要面临四大突破。

（1）从管理自己到管理团队的突破

从基层员工到中层管理者，面临的第一个突破便是从管理自己到管理团队的突破。管理者上任之前，作为普通员工只需负责自己手上的业务即可，晋升为团队管理者后，还要负责带领团队完成业务。

成为管理者后，企业不会仅仅以个人业务贡献值来衡量管理者工作的好坏，还会考量管理者能否帮助团队成员实现目标。因此，从个人管理过渡到团队管理的过程中，新晋管理者要实现责任的跃升，既要对自身的任务指标负责，也要对团队的目标负责，要关注员工的个人发展和引导成员高效协作来带领团队完成任务。

（2）从执行到授权的突破

对于优秀员工来说，完成上级指派的工作任务是其主要的职责。在该阶段，执行力的强弱在很大程度上影响着工作的效率。但作为一个管理者，懂得有效授权才能促进工作进步，提高团队效率。因此，从执行到授权是管理新人要实现的第二个突破。

不信任下属，不懂授权是很多管理新人无法带领好团队的主要原因之一。如果管理者凡事亲力亲为，不仅员工工作的积极性会受到很大的影响，自身也很难得到员工的认可。合理授权、学会借力，将部分工作交给下属去完成，不让琐碎的事务消耗大量的时间和精力，这样既能利用员工的智慧，让员工有成就感，还能让自身能够有精力去提高"管理"绩效。

（3）从被管理到管人的突破

在职场中，中层管理者一般起着承上启下的作用，他们上有领导，下有部属，是企业的中坚力量。新任管理者要做好上下级的协调工作，就需要实现从被管理到管人的突破。

管人包括选人、育人、用人和留人四部分。在管人上，管理者首先要改变"教会徒弟，饿死师傅"的陈旧观念，主动去发现员工的长处，抱着帮助员工成长的态度去激励和培养下属。与他们分享自己作为骨干员工时的成功经验，大胆授权，让员工有成长锻炼的机会，从而在为团队培养出适合人才的同时也更能留住人才。

（4）从直接控制到间接控制的突破

从业务转型到管理，管理者要实现的第四个突破是从控制到协调的突破。在基层员工阶段，对于工作时间、业务问题等安排和处理都可以很好地自我掌控，这是对工作结果的控制，属于直接控制。而作为管理者，不管是对上、对下管理还是跨部门合作，都无法直接进行控制，更多的是通过间接控制来实现目标。

如当下属出现无法解决的问题时，管理者帮助其分析问题并提供指导；设置操作流程让员工按流程来完成工作；为下属树目标、立规划，通过激励来调动其工作积极性，从而获得成果，这些都是间接控制的方式。在间接控制过程中，管理者更多地扮演着"导师""教练"的角色，通过人员调动、沟通协调和监督指导来实现管理。

03
业务骨干走向管理岗位，心态、立场和思维如何调整

从业务骨干走向管理岗位，工作的目标、工作的内容、工作环境及工作所需的技能都会发生相应的变化，具体内容如下。

①工作目标的转变：工作目标上，会从关注个人业务目标转变为更多地关注团队整体目标，甚至是企业战略目标，如团队业绩目标、团队能力提升目标、技术改进和发展目标等。

②工作内容的转变：工作内容上，会从过去单一的业务工作转变为负责管理工作，如目标制定、组织协调、沟通激励、人才培养及绩效管理等工作内容。

③工作环境的转变：工作环境上，会面临工位、人际关系等转变，以

人际关系为例，管理者既要处理好上下级关系，也需要处理好跨部门的同级关系。

④工作技能的转变：工作技能上，需要更多地掌握管理所需的新技能，如沟通协调能力、识人能力、领导能力、计划决策能力及压力管理能力等。

面对以上变化，新人管理者要学会调整心态、立场及思维，这样才能更好地适应新岗位工作。

（1）心态的调整

受过去的工作经验、习惯及业绩等影响，不少新晋管理者可能会习惯于用过去"骨干员工"时的工作方法来判断和处理事务。晋升到管理岗后，会面临一些新的挑战和更多的不确定性，这些挑战有时并不能用过去的技能和经验来解决，如果管理新人仍然将过去的技能和经验运用到新岗位中，这些技能经验就可能成为管理新人前进的障碍。

面对过去的成功经验和业绩，管理新人应以"归零"的心态来自我调整，不因过去的成就而自满，也不固守于过去的经验，而是抱着重新出发的态度来对待新岗位工作，让自己克服浮躁心理的同时，用崭新的心态去学习管理新技能，去取得新岗位的突破。

除了"归零"心态外，管理者还应具有积极乐观与自我反省的心态。积极乐观的心态能让新人管理者在面对挑战和压力时正向应对，而不是逃避或回避。当管理工作给自身带来压力时，在心态上往积极的方向转变，可以有效避免负面情绪带来不良影响，把挑战变为前进的动力，促进自身成长。

当管理工作出现问题时就需要停下来自我反省，通过对管理工作进行内省，可以总结经验教训，发现可以提升和改进的方面，从而让管理工作越做越好。

（2）立场的调整

在转型之初，学会用管理者的立场来处理工作也很重要。立场指处理问题的出发点和态度，新晋管理者如果摆不正自身的立场，就无法担任好自身的角色。在管理中面对不同的人群，管理者的立场应有所不同，具体如图 1-1 所示。

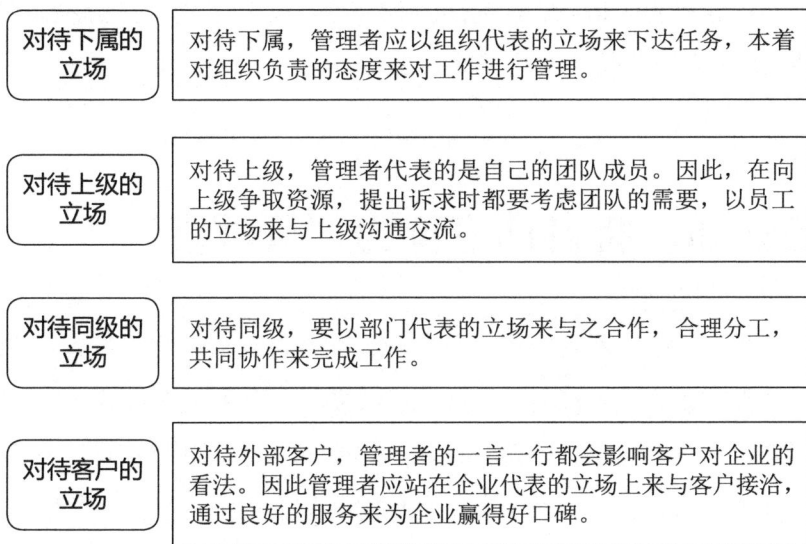

对待下属的立场	对待下属，管理者应以组织代表的立场来下达任务，本着对组织负责的态度来对工作进行管理。
对待上级的立场	对待上级，管理者代表的是自己的团队成员。因此，在向上级争取资源，提出诉求时都要考虑团队的需要，以员工的立场来与上级沟通交流。
对待同级的立场	对待同级，要以部门代表的立场来与之合作，合理分工，共同协作来完成工作。
对待客户的立场	对待外部客户，管理者的一言一行都会影响客户对企业的看法。因此管理者应站在企业代表的立场上来与客户接洽，通过良好的服务来为企业赢得好口碑。

图 1-1　管理者的不同立场

（3）思维的调整

错误的管理思维往往会影响管理的有效性，为避免自身陷入管理误区中，管理者在上任之初就需要树立正确的管理思维，具体内容如下。

①跳出"独角戏"思维：认为员工是自己的负担，转型为团队管理者后只顾完成自己的业绩，是很多管理新人比较容易犯的一个思维误区。作为管理者，应将员工看作是一种"资源"，关注团队能力的提升，通过了解不同员工的特点，扬长避短，进行"资源"的合理分工。

②跳出"明星员工"思维：在上任管理岗位后仍然将自己视为"明星

员工"，与下属在业务能力上竞争，这是很多骨干员工成为管理者后容易陷入的思维误区。担任管理职务之后，管理者应树立引领者的思维，敞开胸怀，带领团队成员共同发展。

③跳出"甩手掌柜"思维：下达工作任务后就不管不顾，认为人才培养是人力资源的事，于是放任下属自由发挥，自己则做"甩手掌柜"，这是管理新人容易犯的错误。作为团队领导者，在工作推动、考核监督和人才培养上应有责任意识，避免过度放任员工。

04
角色认知，将自己定位为"管理者"

面对新岗位时，新晋管理者难免会存在对自身角色定位不清的情况。定位不清很容易导致管理者将工作精力浪费在错误的工作内容上，长时间下去还会让员工心生怨言。角色认知的转变并不是一蹴而就的，一般随着任职时间的增长，管理者对于自身角色的认知会逐渐从模糊到清晰，从最初的技术／业务专员到明确自身的"管理者"角色身份。那么在管理身份转变之初，管理者应如何正确认知自身角色呢？首先，管理者需明确骨干员工与管理者的差别，具体见表 1-1。

表 1-1　骨干员工与管理者的定位差别

定　位	骨干员工	管理者
组织定位	执行者	监督管理者
岗位层级	基层	中层
工作特质	亲力亲为	通过别人达成目标
工作职责	主要是管"事"	既要管"人"，也要管"事"
工作风格	把握细节	把握全局

定　　位	骨干员工	管理者
工作技能	专项技术／业务能力	人际沟通／组织协调／管理能力
评价标准	个人绩效	团队绩效
自我要求	优秀技术骨干／业务专家	优秀管理者

根据表1-1可以看出骨干员工与管理者在工作职责、评价标准上的不同之处，身为管理者，应明确如下所示的角色定位。

（1）业绩驱动者

从业务骨干转型为管理者后，管理者的业务管理重心应为业绩驱动，即通过目标、考核和制度等来驱动下属完成工作，这时管理者会扮演业绩驱动者的角色。

（2）团队打造者

新任管理者在接手一支团队后，要对现有的团队进行评估，了解成员的能力、强项和弱项，再将团队成员安排到合适的岗位上，最后带领不同个性的成员朝着共同的目标努力。在此过程中，管理者需要扮演好团队打造者的角色。

（3）心态凝聚者

团队是否心齐、是否能相互合作在很大程度上影响着团队的效能。管理者作为团队的核心，要善于调和成员之间的关系，做好凝聚人心的工作，使团队成员有共同付出的意愿，这时管理者会作为心态凝聚者来为团队植入凝聚力。

（4）人员管理者

一名合格的管理者在管理工作上花费的时间通常较多，这其中管人的部分一般又会占 50% 以上，而不愿意在管理上花时间的管理者往往很难成为带领团队的高手。在转型之初，充分认识作为人员管理者的角色身份，提高自身的管理意识，可以使新任管理者的转型之路变得更轻松。

05
构建人际关系网络，获得上级支持下级协作

业务骨干晋升到管理岗位后，职责范围、身份角色等都会进行一次跃升。此时管理者会进入一张新的关系网中，在该关系网中，管理者要开发新的职场人际关系网，以为管理工作的开展提供良好的人际关系环境。

（1）作为下属面对上级时

作为企业的中层，管理者需要与上级建立良好的人际关系，以便在管理工作中能获得上级的有力支持。管理者要与上级领导保持良好的关系，在日常工作、沟通交流过程中需要注意以下行为准则。

◆ 立足本职，学会独立解决问题

作为下属，做好本职工作是对自身的基本要求。对上级来说，他们也希望下属能够独立做好自己的本职工作。在遇到问题或矛盾时，管理者应首先独立解决，而不是动不动就让上级帮忙解决。当确实遇到无法解决的问题时，则要及时向上级说明情况，避免问题恶化。此外，做好本职工作，可以给上级留下良好的印象。

◆ 尊重上级，不要挑战上级的权威

在职场中，领导者都不喜欢挑战自身权威的下属，他们需要的是能充分领会上级命令，并且能够为其分忧的下属。因此作为下属，管理者要学会站在领导的角度与之交流，以尊重为前提与之交往，让上级能感受自身

的威信与影响力，从而使双方建立融洽的关系。

◆ 主动沟通，辅佐你的上级

工作中，管理者要有与上级主动沟通的意识，不要害怕与上级沟通或者干脆不与上级沟通。具体的做法有定期向上级汇报工作，让上级能够知道工作的成效；适当地建言献策，当好上级的参谋助手等。在与上级主动沟通、交换意见的过程中，也可以进一步赢得上级的认可和信赖。

（2）作为上级面对下属时

在管理中要得到下属的信任和肯定，并且高效地完成工作，同样离不开良好的职场人际关系。在处理与下属之间的人际关系时，管理者要注意以下行为准则。

◆ 指令明确，提高工作满意度

在管理过程中，常常需要下达工作任务给下属，在分配任务的过程中，管理者应确保发出的指令是清晰明确的，让下属清楚工作内容、标准及完成时间等信息。指令模糊可能导致下属不清楚自己该做什么，工作结果达不到所要求的预期，久而久之，下属会产生抱怨，管理者对下属工作的满意度也会降低，双方的关系也会因此而受到影响。

◆ 注重沟通，拉近与员工之间的距离

有效的双向沟通更容易帮助管理者与下属建立良好的关系。在工作中，管理者要主动了解下属工作的完成状况，让下属清楚自己的工作表现，必要情况下可以提供指导，让下属感受到上级对他的关心和帮助。

通常情况下，下属更愿意和平易近人的管理者交流谈心。管理者可以创造一个开放、友好的沟通环境，适当展现自身的亲和力，鼓励员工坦诚、积极地反馈自己的想法，从而拉近双方之间的距离。

◆ 信任下属，管理上公平、公正

在职场中，不被信任的员工常常会产生焦虑、愤怒等不良情绪。管理者若能适当地肯定下属，则可以帮助其建立自信心，激发其工作的热情。此外，管理上的公平、公正则能提高员工对管理者的信任感，这样可以使双方建立彼此信任的人际关系。

（3）作为同事面对同级时

职场中，比较好的是与同级建立合作共赢的关系。面对其他部门的求助，可以在职权范围内给予帮助，这样可以为赢得同级的协同和合作打下良好的基础。另外，在同级之间也可能存在竞争，这时管理者可本着尊重他人、真诚待人、互相支持、协商沟通的原则与同级相处。在工作中分清职责范围，不干预属于他人管理范围内的人和事，尽量避免诱发双方的对立关系，通过严于律己、宽容待人，逐步与同级建立互相信任、支持的工作伙伴关系。

06
适应职责转变，理清管理岗位的工作内容

业务骨干晋升为管理者后要适应职责上的转变，通过熟悉管理岗位的工作内容，了解工作职责，可以明确管理者应怎样开展工作，为管理决策提供方向。下面来看看管理者的主要工作职责。

（1）目标制定

管理者要负责目标的制定，明确企业、个人和团队的目标是什么，以及为实现目标应该做哪些努力等。制定好目标后，管理者要区分哪些目标应由自己来完成，哪些目标需要团队成员来共同完成，并把具体的目标告知团队成员，目标不明确会导致团队在完成工作的过程中没有方向，表1-2所示为某企业主管的目标计划表（部分内容）。

表 1-2　目标计划表

目　标	具体计划	标　准
业绩目标	本月团队总业绩目标：200 000 元 潜在客户总拜访量：100 个 客户关系维护目标：30 个	开发新客户，维护老客户，业绩目标达成率为 100%
市场份额	本年度市场份额超 40% 本月市场份额增加 2%	管理好重点客户，实现市场份额的稳步增长
应收账款	本月总应收账款目标：300 000 元 制定"应收账款日程安排表"，合理安排收款	了解合同执行情况，做好应收账款管理，确保回款率在 80% 以上
专业知识技能	了解和学习先进的管理理念和经验 每月参与一次管理能力提升培训 熟悉行业知识、专业技术	做好职能、身份定位，学习管理方法，提升管理能力和综合素质
团队培养提升	了解成员客户拜访情况 指导成员电话邀约和签单 每周进行一次业务能力培训	提升团队成员的业务技巧和能力，帮助业绩不好的员工找寻原因，提高签单能力
……		

（2）组织和协调

作为企业的中层管理者，需要组织开展各种管理活动，协调小组成员之间的关系，因此，组织协调也是管理者的主要工作职责之一。通过合理的组织协调，可以确保管理活动及团队成员的工作正常开展，如下所示的工作内容都属于组织协调的范畴。

①确定目标任务的承担部门、岗位及员工。

②对人岗进行有效配置，明确工作内容的分工，使成员协同作战。

③明确各岗位职责，确保职责权限界定清晰。

④对资源进行合理配置，以实现组织的平稳运转。

（3）领导与激励

在企业中，管理者要让团队成员清楚自己该做什么，将团队成员凝聚成一个整体，激励他们为实现目标而努力，这是管理者履行领导与激励职责的过程，包括以下工作内容。

①适时鼓励员工，激发员工工作的积极性。

②帮助团队成员设定合理的目标，促进其提高工作热情。

③合理授权，用人所长，赋予员工实现目标所需的权利和责任。

④灵活、合理运用激励手段不断提高员工的干劲。

⑤下达任务，让成员按计划完成，对存在的问题和迟延的工作提供解决方案。

（4）人才培养和发展

人才培养与发展职责包括自身的成长与团队成员的培养。个人的成长很大程度上取决于自身的学习能力，而人员的培养则需要管理者提供让成员成长的机会，如提供培训指导、鼓励老员工传授业务经验，以及给员工安排有挑战性的工作等。

部分企业为促进人才的培养会设计科学规范的人才培养方案，并将人才培养目标纳入管理者的绩效考核中，表1-3所示为某管理岗位绩效考核表中关于人才培养考核项目的内容。

表1-3　人才培养考核项目

考核项目	考核内容	评分	备注
人才培养	统筹安排人才培养工作，包括制定培训方案、流程、内容、周期等		
	按岗位有针对性地开展业务技能相关培训		
	落实"师傅带徒弟"的人才培养方式		
	定期了解培训效果，对培训方式进行改进		

07
适应技能转变，新任管理者的四项基本能力

从业务精英到管理者，除了角色、职责会发生转变外，工作技能也会发生转变，具体包括以下四方面的转变。

①从专业技能到岗位专业能力的转变。

②从业务能力到团队管理能力的转变。

③从执行能力到组织管理能力的转变。

④从核心能力到综合能力素质的转变。

以上转变要求业务骨干在成为管理者后要在管理技能上实现突破，这样才能很好地胜任管理岗工作。总的来看，新晋管理者需要具备如下能力。

①目标计划管理能力：这种能力具体体现在对目标计划制订、分解和实现的把控上，该能力是团队达成绩效的关键。目标计划管理能力弱的管理者常常会让下属陷入"不清楚应做哪些工作""不知道怎样才算合格"的状态中，而目标计划管理能力强的管理者则能很好地实现目标转化。

②团队管理能力：指带好团队，帮助团队成长发展的能力。这是一项综合能力，包括沟通能力、培训能力、决策与授权能力、激励能力、绩效管理能力及冲突处理能力等。

③岗位专业能力：指管理者所从事领域所需的专业知识和技能。不同类型的企业及管理岗位其所需的专业知识和技能会有所不同，如市场管理岗位通常需要管理者具备市场分析、推广技能，而人事管理岗位则需要管理者具备人力资源管理专业知识。

④组织管理能力：指提高组织效率和促进企业长期可持续发展的能力。具体体现在对组织内部进行调整、对资源进行分配和对群体活动进行协调的能力。

为避免自身从业务精英转变为平庸的管理者，在上任之初，管理者就需要提升自己的管理能力，具体可采用图1-2所示的方法。

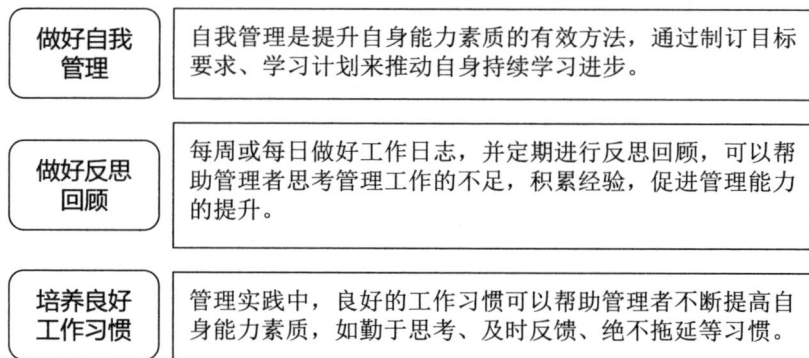

做好自我管理	自我管理是提升自身能力素质的有效方法，通过制订目标要求、学习计划来推动自身持续学习进步。
做好反思回顾	每周或每日做好工作日志，并定期进行反思回顾，可以帮助管理者思考管理工作的不足，积累经验，促进管理能力的提升。
培养良好工作习惯	管理实践中，良好的工作习惯可以帮助管理者不断提高自身能力素质，如勤于思考、及时反馈、绝不拖延等习惯。

图1-2　提升管理能力的方法

08
新任管理者的"三要两不要"

从业务骨干晋升为管理者后，都希望能通过自身努力成为一名合格的管理者。但在管理实践中，新手管理者容易因管理经验不足而犯一些错误。作为新上任的管理者，在管理上要注意"三要两不要"。

◆　一要带头，为团队营造良好的工作风气

基于科学管理的需要，管理者有时会提出员工的工作行为规范作为要求，如要求下属上班时穿西装、每周做工作总结等。要让下属自觉遵守这些规范要求，作为管理者就要带好头，以身作则，为下属做好表率。

如果管理者只要求下属遵守工作规范，而自己却违反规定，那么整个团队的工作风气会越来越差。作为管理者，其言行会潜移默化地影响下属，相比下命令，管理者以身作则往往能起到事半功倍的效果，同时也可以让下属更加信服。

◆ 二要敢于拍板，勇于承担团队责任

在面对一些重要决策时，管理者要敢于拍板，不要因为害怕承担责任而在关键时刻不敢决策。不同的人在管理风格上会有很大的差异，但一名优秀的管理者应当有当机立断的能力，敢于承担自身管理领域内的责任，这样才能赢得下属的信任。

◆ 三要有全局意识，站在企业、团队的角度考虑

管理者的目标应与企业、团队的目标保持一致，当个人利益与企业、团队的利益发生冲突时，管理者应有全局意识，把企业、团队的利益放在前面，站在企业、团队长远发展的角度来看问题、做决策。

◆ 一不要情绪化管理

所谓情绪化管理，指在工作中不能很好地控制情绪，容易因情绪的变化而出语伤人或做出错误的决定。作为团队的主心骨，管理者应认识到情绪化对管理带来的危害。管理者若将消极负面情绪带到工作中，也会影响团队整体的工作氛围，如愤怒、抱怨、冷淡等负面情绪。在职场中，管理者要提高自己对情绪的管理能力，学会调整心态，理性管理。

◆ 二不要拖延化管理

对上级交代的工作只是被动地接受和传达，而没有主动推进工作的紧迫感，导致工作一拖再拖，最后将无法按期完成任务的责任推卸给下属，是很多中层管理者常犯的错误。拖延是很多中层管理者的"死敌"，作为一个管理者，既要保证自身工作的效能，也要帮助员工克服拖延的问题，提高团队的整体效率，通过积极行动来避免拖延化管理。

09
如何成功转型，学会寻找转型的助力资源

第一次走上管理岗，不少管理者常常会有力从不心的感觉，面对压力和焦虑，怎样才能成功转型，是很多管理者比较困惑的问题。结合内外部环境的变化，新任管理者可以通过寻找资源来为转型增加助力。

（1）争取上级资源

在工作中，管理者要配合上级开展工作，同时也可以向上级争取资源，借力用力来让工作开展起来更顺利。转型期间，新晋管理者可能会需要资金、技术、人力资源及配置等方面的支持。

在接受新职位后，上级一般不会主动提出资源支持。为有效争取到所需的资源，管理者首先要与上级持续对话，建立良好的关系，然后主动与上级进行"资源会谈"，通过沟通交流让上级清楚要实现企业的目标所需的支持。对于工作上遇到的困难，管理者也可以积极向上级寻求帮助，不要总是独自承担，让其成为工作上的烦恼。争取到上级资源后，管理者的转型道路也会变得更加平坦。

（2）争取下级支持

下属是重要的合作伙伴，也是工作中的重要资源。作为管理者，要懂得识人、用人和留人，让下属能发挥自己的才干，有锻炼和表现的机会。随着下属能力的提升，管理者的工作也会越来越轻松。

管理中，用人之长才能充分发挥下属的"资源优势"，管理者要熟悉自己的下属，了解团队中每一个成员的优点、缺点及兴趣爱好等，让成员合理搭配，使人才优势互补，图1-3所示为人才搭配方式。

专业技能过硬的员工	+	有干劲、进取心的员工	+	做决定慢但有创造力的员工	+	外向、行动力强的员工	+	注重细节但性格内向的员工

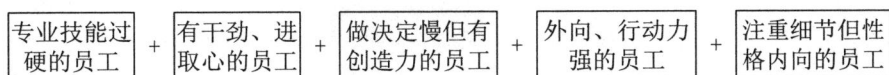

图 1-3　人才搭配方式

团队中的每一个成员都不是完美无缺的。应尊重差异，充分认识到各个成员的特点，容人短处、用人所长，这样才能打造高绩效团队。

（3）争取外部资源

作为团队带头人，管理者要有利用外部资源的意识。常见的利用外部资源的方式有参加正式的培训、以往经验的运用、用企业制度管人及向他人请教等。管理者可以对外部资源进行梳理，然后确定可利用的外部资源的优先级，将外部资源作为转型的助力。

第2章

上任第一年
如何做好自我赋能管理

　　管好自己是领导好他人的基础，这体现了自我管理的重要性。那些成功的企业家往往也很善于自我管理，自我管理是一种能力，包括对时间、行为、思维及情绪等管理，养成良好的自我管理习惯是管理新人成为优秀管理者的第一步。

01
少走弯路：自我认知的五个误区和三个对策

管理好自己要从正确认识自己开始，一个不了解自身的管理者，通常很难真正客观地去评价自己的工作。在面对工作结果时，通常只会看到自己的付出而忽略他人的努力；在看待自身优劣势时，常常只看到优点而看不到缺点，负面评价、管理问题也会随之而来。

在企业管理中，管理者要为企业和团队做好目标规划，这其中包括员工职业发展上的规划。无法正确认识自我的管理者很难为自己及团队成员树立正确的职业目标，职场发展也会因此受阻。

不认清自我，对开展管理工作带来的不良影响显而易见。管理者要正确认识自己，首先要避开自我认知的五个误区。

（1）倾向于积极正面的评价

现实中，在面对评价时，人们往往更倾向于相信积极、笼统、一般性和广泛性的评价，当这种思想反映在自我认知上时，人们对于自我个性、能力及行为处事的判断常常会选择性地过滤掉缺陷，接受那些普遍适用、能体现自身优势的观点，从而导致自我评价不够客观，如以下几种对职业特征的描述。

①你是一个推动者，能够带领他人积极工作，但不太善于拒绝他人。

②你能够按部就班完成工作，习惯于避免冲突。

③你有出色的观察力和很强的数据分析能力，由于过于注重细节，有时可能会忽略他人的感受。

大多数职场人士之所以会更喜欢符合自己设想、正面的评价，主要是受主观验证和谄媚效应的影响，管理者在进行自我评价时要注意避免这种心理认知偏差。

（2）认为自己最了解自己

在自我认知上，很多人会存在"我才是最了解自己的人"的误区。实际上，人们在认识自己时，关注的视角会具有一定的局限性，再加上偏袒心理的影响，会导致我们对自我做出的判断不够理性和全面。

在自我了解的过程中，管理者要认识到凭自身感受判断自我的局限性。承认这种局限性才能更好地认识自己，让自己能够正视自身的缺陷和不足，更好地提升素质能力。

（3）对自己的评价建立在偶然的事件上

很多管理者会用偶然的成功或失败来评价自己，如某骨干员工在任职管理者岗后，由于缺乏团队管理的经验，导致上任第一个月没有完成团队任务目标，于是该管理者便认为自己无法胜任管理者岗位，否认自己可以带出一支优秀的团队。

具有成熟自我认知的管理者，并不会因为偶然失败来否认自己的能力，也不会因为偶然的成功而自视过高。管理者在认识自我能力价值时，不应聚焦于一时的成功或失败，而应根据长时间的职业经历来建立评价体系。

（4）将管理风格归咎于天生如此

对管理风格的认识也是自我认知一部分，部分管理者对管理风格的认知会存在误区——管理风格与天性、性格有关，是不能改变的。

这样的认知误区容易让管理者排斥改进和拓展个人管理风格。实际上，管理者的领导风格也可以多样化，针对不同类型的员工，在管理上风格可以有所不同，如面对积极性不高、执行力差的员工，可采用强制型风格，督促并推动员工服从并执行；面对能力出众、有想法的员工，可采用民主型风格，让员工广泛参与团队建设中，给予此类员工成长和发展的机会。

作为管理人员，应充分认识到管理风格并不是由性格或天性决定的，在职业发展的道路上，管理者可以不断改进和培养自己的管理风格。

（5）认为经验可以带来更好的自我认知

经验是过去实践中积累起来的知识或技能。对于经验，人们一般会认为经验带给自己的是益处，经验越丰富能力也会越强，受这种看法的影响，经验丰富的骨干员工会容易高估自身的领导能力，从而降低自我认知。

从骨干员工晋升为管理者后，对核心能力的要求会有所改变。能力要求变化了，但经验没有改变，这种经验就会成为新任管理者自我认知的障碍。任职管理岗后，管理者对自身领导力的评估不应停留在"骨干员工"的经验中，而应着眼在管理岗位未来的胜任能力。

科学的自我认知方法可以帮助管理者走出认知的误区，在进行自我认知的过程中，管理者可以使用以下三大对策。

◆ 自我观察分析法，通过行为和结果认识自己

自我观察分析法指通过对自身行为反馈的结果来认识自己，如在展会策划会议上，针对展会的创意张经理与团队成员进行了讨论。对于负责人提出的创意，张经理觉得这个创意会传递负面的价值观，但为了避免挫伤负责人的积极性，于是委婉地表达了这个创意不太好，而没有强硬的反对，结果到展会策划方案提交截止日当天，才发现负责人并没有更改自己的创意。

从以上情形可以看出，张经理的做法考虑到了负责人的情绪，但在面对工作问题时不够强硬，基于该行为与导致的结果，张经理对自己做出了以下评价：足够友善但可能不够有魄力。

◆ 回馈分析法，合理地听取他人的反馈

个人对自我的认知会存在一定的局限性和片面性，为避免这种局限性和片面性带来错误的自我评价，管理者可以通过他人评价、专家咨询及心

理测试等的反馈来更加充分地认识自我，而不是自我封闭，不听取任何人的评价。

他人的评价可以来自上级、下属及身边的朋友，对于管理者来说比较困难是难以获得他人真实的反馈。这时管理者可以采用匿名的方法来收集他人对自己的评价，如利用360度评估法来了解上级、下级及平级对自己的评价，然后将自我评价与他人评价进行比较，通过分析测评结果来了解自己的优势和不足。

在进行心理测试时，要选择靠谱、科学的心理测试方法，而不是趣味测试，如迈尔斯布里格斯类型指标（MBTI）职业性格测试等。专家咨询是通过专业的人才管理者、咨询师来帮助自己加强自我认知。

◆ 自省分析法，反思自己的优缺点

自省有助于更好地反思自己，管理者可以对自己的优缺点、情感偏好、行为结果及工作经验等进行总结和反思，在"自省表"中记录下反思的结果，来帮助认识自己，见表2-1。

表2-1　自省表

自　　省	发生了什么 （描述事实）	当时的感受	评估分析 （好与坏的一面）	总　　结 （做什么、怎么做）
行为习惯				
情感偏好				
优缺点				
沟通态度				
工作结果				
……				

在自省的过程中要注意避免将自省变为否定自己。在采用否定思考模式自省时，所提出的问题都是自我批判的声音，如我控制不好情绪、我管理不好下属等，这样的自省方式会给自己带来负面情绪，甚至影响自信心。

02
新岗位时间分配，学会要事优先的五大方法

任职管理岗位后，管理下属、打造团队将成为重要的工作，工作职责的转变要求管理者对时间的分配也需要进行相应调整。一名高效的管理者应懂得要事优先的时间管理方法。

在使用要事优先时间管理方法时，管理者要将任务目标按照紧急和重要程度进行划分，具体可使用四象限管理法来规划任务目标的优先级，图 2-1 所示为时间管理四象限法则。

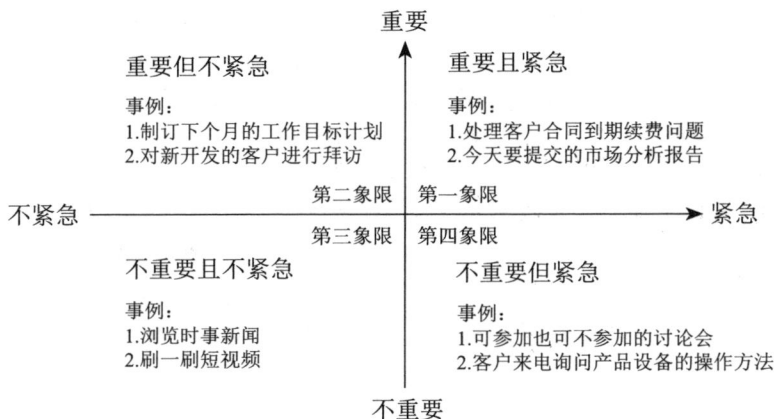

图 2-1　时间管理四象限法则

四象限法则将事情按照重要和紧急程度分为了四类，分别为重要且紧急的事情、重要但不紧急的事情、不重要且不紧急的事情和不重要但紧急的事情。按照处理事情的优先级，管理者要按照以下顺序来规划工作。

①重要且紧急：重要且紧急的工作都是迫在眉睫需要处理的，此象限的事情需要立即去做。

②重要但不紧急：重要但不紧急的工作在时间上相对宽裕，但重要性很高，因此需要管理者引起重视，此象限的事情应有计划地去做。

③不重要但紧急：不重要但紧急的工作大多是突发的事务性工作，虽然紧急程度高但重要性低，对于此象限的事情可尽量授权让他人去做。

④不重要且不紧急：不重要且不紧急的工作应尽量少做或不做，若将时间过多花费在此象限的事情上，会影响管理者做其他重要的工作。

实际运用四象限法则时，管理者可以在四象限工作表中列出要做的任务条目，然后根据优先程度来处理每个象限的任务，使工作更有条理。在时间分配上，应该将主要精力放在处理重要但不紧急的事情上，见表2-2。

表2-2　象限工作表

重要但不紧急		重要且紧急	
时间分配：50% ~ 80% 处理原则：提前做好规划，集中精力做好此象限的要事 任务1： 任务2：		时间分配：20% ~ 30% 处理原则：尽快解决，尽量减少此类事务的数量 任务1： 任务2：	
不重要且不紧急		不重要但紧急	
时间分配：1% ~ 2% 处理原则：利用空余时间处理，将多件事合并起来做 任务1： 任务2：		时间分配：15% ~ 20% 处理原则：授权给他人去做或者合理拒绝次要事务 任务1： 任务2：	

工作中如果将大部分时间和精力用于处理重要且紧急的事务，会让管理者陷入手忙脚乱的工作节奏中，不仅会导致工作效率低下，自身压力也会很大。而很多时候，重要且紧急的事务是因为没有处理好重要但不紧急的工作而产生的，因此，管理者要多花时间和精力在重要但不紧急的工作上，这样才能让管理更高效。

现实中，我们很难做到完全按照四象限法则来完成工作。下属的求助、领导的临时安排都可能打乱工作节奏，而最容易被挤压的是重要但不紧急的工作。要更科学地运用四象限法则，在实际工作时管理者可遵循以下原则来处理工作。

①优先确定重要且紧急的事务，确定时要思考是否可以向重要但不紧急的方向转移，以避免混淆这两类工作。

②当有多项重要且紧急的事务时，应将这些事务按重要程度排序，优先处理重要程度高的事务。

③如果重要但不紧急的事务是正在进行的，那么要坚持集中精力做，不兼做其他工作的原则，避免将该象限工作变为第一象限工作。

④尽量减少做不重要但紧急的事务，可以将此类工作授权给他人去做，或将其转化为不紧急的事务，集中一个空闲时间去处理。

03
上任之初的心态调整，如何应对压力和情绪

晋升对职场人士来说是一种肯定，但升职后也会面临各种问题，这其中就包括越来越大的压力，以及不懂情绪管理所带来的负面影响，下面来看一个案例。

今年3月份，李平所在的公司为扩展业务，成立了一个新部门，李平因为工作出色被提拔为该部门的经理。由于是新成立的部门所以一切都要从零开始，上任后，李平就感受到了这个部门负责人不好当，在管理上他遇到了以下问题。

①需要承担的责任比过去翻了番，工作压力也接踵而至。

②工作任务重，但人员不足，繁重的工作任务引发了焦虑情绪。

③员工工作积极性不高，不易管理，于是承揽了下属的工作，导致

自己每天都很累，也睡不好，然而下属还不领情。

④不善于沟通，无法处理好新的人际关系，感到慌乱和手足无措。

⑤心理压力很大，怀疑自己没有做管理的才能，想放弃现任的管理职位。

在别人眼里升职加薪都是高兴的事，李平却高兴不起来，面对上述问题倍感压力，有时甚至会情绪失控，脱发、失眠也越来越严重。

通过上述案例可以看出，升职给李平带来了压力和坏情绪。面对压力和坏情绪李平需要及时进行自我调节，否则会带来更多的负面影响。上任之初，管理者的压力和负面情绪可能是由多种原因引起的，学会管理压力和情绪是新任管理者的必修课。

（1）如何管理压力

在职场中，每个人都会面对不同的工作压力，面对压力如果采取逃避的应对方式，那么压力会带来更多消极结果。压力之所以有害，其主要原因在于人们会用消极的态度来对待压力，当我们改变了对待压力的态度，压力也可以转化为正向能量。在工作中，管理者可以按照以下步骤来管理压力。

◆ 承认压力，用积极的态度应对

面对压力，管理者要用积极的态度去应对，在心理上不要把压力当作"有害物"，当我们在潜意识中认为压力百害而无一利时，压力也会如我们的心理预期一样带来负面影响。

在感到压力的时候，管理者要勇敢地直面压力，承认压力的存在，在思维模式上把工作、社交和家庭带来的压力看作是生活的一部分，让自己在心理上把压力当作助力。心理上积极的暗示作用会让我们看到压力好的一面，并在生理上采取积极的行为去管理压力。

◆ 找到压力源，明确你的压力在哪里

现实生活中，每个人的压力都是不同的，找到自己的压力源，才能有效地控制压力。对处于转型期的管理者来说，压力源常常来自升职后对角色转换的不适应，如以下压力源。

①情景性压力源：难以在短期内适应职位变化所带来的压力，如对新的工作环境、工作模式的不适应。

②遭遇性压力源：不良人际关系所带来的压力，如团队缺乏信任，在问题处理上意见不一，成员之间关系紧张。

③时间性压力源：工作超载，时间上的紧迫感所带来的压力，如持续性的加班导致身体疲劳；临时任务很多，经常面临最后期限。

④预期性压力源：负面心理预期带来的压力，如担心完不成下个月的目标；对即将接手的新项目感到焦虑。

识别压力源的一个方法就是记录和分析，管理者可以写下目前让你头疼的问题，通过问题分析找到高压力的主要源头和诱因，如针对工作上的压力，要注意分析是工作任务重带来的身体疲劳，还是担心不能胜任新岗位所导致的精神压力。

另外，管理者也可以在感受到压力时撰写压力日志，在压力日志中记录下压力的强度、对压力的感受等，见表2-3。

表2-3 压力日志

日　　期		时　　间	
情景／事件	（写下哪些事情或问题带来了压力）		
	压力强度（范围 1 ～ 10）：		

想法或原因	（写下压力产生的原因）				
	我（ ）% 这样认为				
反应	情绪反应		结果	情绪变化	
	生理反应			生理变化	
	解决方式			处理结果	

◆ 管理压力，进行针对性减压

明确了压力源后，管理者需要对压力进行管理，有针对性地缓解压力，具体可采用图 2-2 所示的一些方法来缓解压力。

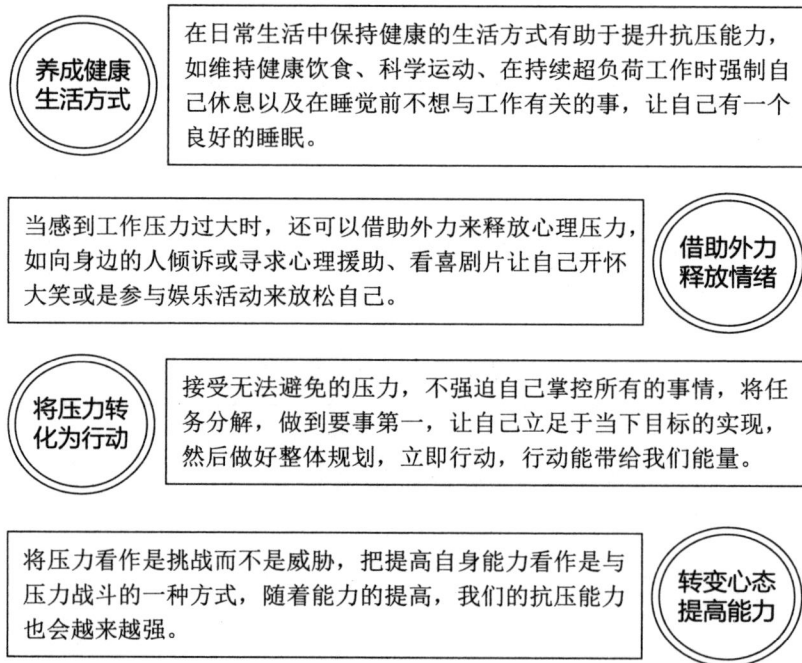

养成健康生活方式　在日常生活中保持健康的生活方式有助于提升抗压能力，如维持健康饮食、科学运动、在持续超负荷工作时强制自己休息以及在睡觉前不想与工作有关的事，让自己有一个良好的睡眠。

当感到工作压力过大时，还可以借助外力来释放心理压力，如向身边的人倾诉或寻求心理援助、看喜剧片让自己开怀大笑或是参与娱乐活动来放松自己。　**借助外力释放情绪**

将压力转化为行动　接受无法避免的压力，不强迫自己掌控所有的事情，将任务分解，做到要事第一，让自己立足于当下目标的实现，然后做好整体规划，立即行动，行动能带给我们能量。

将压力看作是挑战而不是威胁，把提高自身能力看作是与压力战斗的一种方式，随着能力的提高，我们的抗压能力也会越来越强。　**转变心态提高能力**

图 2-2　减压方法

（2）如何管理情绪

在职场环境中，管理者如果不懂得情绪管理，那么难免会影响工作以及与同事之间的关系，对情绪的驾驭能力也是管理者领导力的体现。对于情绪管理，首先要避开以下误区。

①压抑自己＝情绪管理：很多人在进行情绪管理时，会将压抑自己看作是情绪管理，如把愤怒时压制愤怒、与上级有不同意见时不顶撞等同于情绪管理。这种企图让情绪消失的管理方式很容易给自身带来破坏性的伤害，如消磨工作热情、压力越来越大等。

②只有"负面"情绪才需要管理：情绪本身并没有好坏之分，并不是开心快乐就是好情绪，愤怒悲伤就是坏情绪。在特定的场合如果无法控制欢愉的情绪也可能带来不利后果，要明确每种情绪都有其价值，对喜、怒、哀、惧的管理都属于情绪管理。

接纳情绪是情绪管理的前提，在具体进行情绪管理时，可按照以下步骤来进行。

①识别情绪：用我感到＿＿＿（生气、开心、愤怒、悲伤）来表达情绪，同时去感受和体会这种情绪。

②分析情绪：描绘情绪产生的场景，并分析产生这种情绪的诱因。如员工经常越级汇报，你觉得自己没有获得尊重，感到很生气。

③理性思考：保持理性思维，意识到情绪本身并不可怕，由情绪引发的行为才可怕，不要让不合理的情绪控制自己的决策力，由此引发过激行为。

④管理情绪：针对不同的情绪采用不同的方法来调适、释放和宣泄，如听音乐、散步、做深呼吸、在情绪要失控时默数12秒、通过记"情绪日记"来释放、转移注意力避免情绪膨胀以及平时有意识地训练理性思维等。

提升自信力，学会自我激励的技巧

自我激励也是自我管理的一部分，作为管理者，不应该等着被激励，而应学会自我激励。自我激励可以提高自信力及职场幸福感，帮助我们获得实现目标所需的动力。自我激励并不是简单的喊加油口号，其中有一定的方法与技巧，具体内容如下所示。

（1）目标自我激励

目标自我激励指给自己设定一个适当的目标，通过目标来激发自己前行的动力。明确了目标后，可以将目标放在显眼的地方提醒自己，如将目标写在便利条上，粘贴在平时工作能看到的地方，或者在电脑、手机上记录下自己规划好的目标，并设置提醒。

当实现一个目标后可以在该目标后做一个标记，这样可以清晰地了解到哪些目标实现了，哪些目标没有实现，以激励自己朝着下一个目标前进，下面以在手机上设置目标和提醒为例。

案例实操

在手机中设置目标和提醒

在手机支付宝首页搜索框中搜索"小目标"，在搜索结果中点击"进入"超链接，在打开的页面中点击"启动该功能"按钮，如图2-3所示。

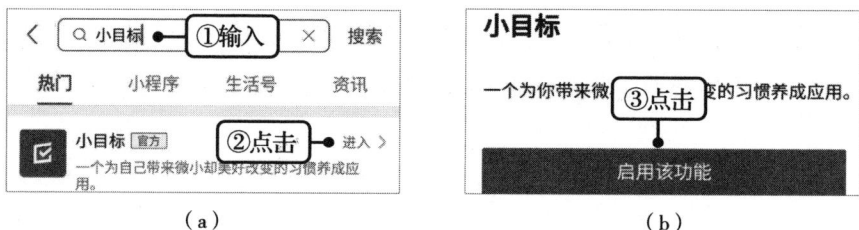

（a）　　　　　　　　　　（b）

图2-3　使用"小目标"

启用功能后，在"小目标"工具首页点击"设定一个小目标吧"超链接，在打开的页面中点击"自定义"选项卡，如图2-4所示。

（a）　　　　　　　　　　（b）

图 2-4　设置"小目标"

点击"添加自定义目标"按钮，在打开的页面中设置目标名称，如图2-5所示。

（a）　　　　　　　　　　（b）

图 2-5　输入"目标名称"

设置图标和颜色、打卡时间、打卡提醒，输入鼓励自己的话，点击"确定添加目标"按钮，如图2-6所示。

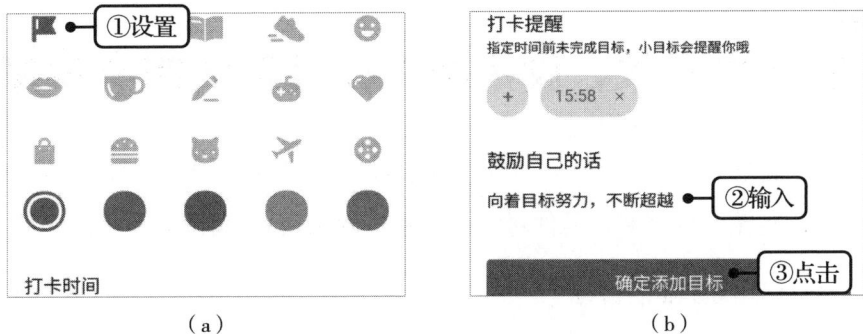

（a）　　　　　　　　　　（b）

图 2-6　完成设置

（2）自我暗示激励

通过积极的自我暗示，可以让我们保持良好的心态，增强自信心，管理者可根据以下方法来进行自我暗示激励。

①方法一：在纸上写下自己的主要优势或成就，并描述优势或成就的具体表现，如我的谈判能力特别强，在本年度设备采购中为企业减少了2%的成本。当自信心不足时，就看一看自己的优势或成就，让自己再次燃起斗志。

②方法二：积极地进行自我肯定，如每天早起念一句"我能行"，或者在内心对自己说"我很优秀"。

（3）自我奖励激励

自我奖励也是一种激励自己的方法，如在自己实现目标时，给自己一些奖励，奖励可以是物质奖励也可以是精神奖励，如用美食犒劳自己、鼓掌为自己庆贺。

在进行自我奖励时，要注意奖品应是自己喜欢的或者是想要得到的。当实现预期的目标后，奖励要及时兑现，否则会影响自己的积极性。在目标未实现前，不要预支奖励，即使你确信能百分百完成目标，预支奖励可能会丧失激励的作用，导致自己无法坚持。

05
让管理更有效，设定新工作目标的四个步骤

进入管理岗位后，管理者需要有明确的工作目标，通过目标来帮助推荐工作，实现自我控制，具体可按照以下步骤来设定工作目标。

（1）明确企业的目标

作为管理者，我们的目标应与企业的目标保持一致，这样才能保证个人的行动方向和企业的发展方向能够统一。按照时间的长短，企业目标一般分为当期目标、短期目标、中期目标和长期目标。期限在一年内的目标为当期目标，一年至三年内的目标为短期目标，三年至五年内的目标为中期目标，五年以上的目标为长期目标。

按照目标的类型，企业目标可分为市场目标、财务目标、生产目标、人力资源目标以及盈利目标等。企业类型不同其目标也会有所不同，管理者可通过企业发展规划来了解企业目标，如下所示为某能源企业目标规划。

1. 业务发展目标

某能源企业目标规划见表2-4。

表2-4　某能源企业目标规划方案

目标规划	2021 年	2022 年	2023 年	2024 年
产能（万吨）	8	11.5 ～ 15	15 ～ 22	22 ～ 29

2. 技术目标

中期技术规划：持续投入高品质产品的研发和试验，单晶料占比维持 85% 以上、N 型料占比 40% ～ 80%、可生产电子级高纯晶硅。

3. 成本目标

生产成本控制在 3 万元 / 吨～ 4 万元 / 吨；现金成本控制在 2 万元 / 吨～ 3 万元 / 吨。

（2）明确整体工作目标

明确了企业的目标后，管理者要确定整体工作目标。在确定整体工作目标时要考虑以下四方面。

①企业目标的分解。

②部门的管理目标。

③岗位职能职责的要求。

④团队成长的需要。

以上述能源企业为例，对于业务部门来说，其 2022 年度的部门业绩目标主要是实现企业的产能目标，假设该企业有两个业务部门，那么两个部门的管理者需分别承担 4 万吨的产能目标。

除了业绩目标外，管理者还需根据部门职责以及部门成长需要来确定其他目标，如客户满意度目标、人才培养及储备目标等。

（3）检测目标是否可管理

为了确保工作目标的有效性，管理者可运用 SMART 原则来检测目标是否合理。

①S（specific）：指目标应清晰具体，在描述目标时要避免使用一些笼统模糊的词汇，如"降低客户投诉"，这个目标就比较笼统，可以更改为对产品质量的投诉次数降为每月 2 次。

②M（measurable）：指目标应是可衡量的，即能通过数据或行为来衡量目标，如培训计划完成率为 98%，核心员工流失数量少于 3 人。

③A（attainable）：指目标应是通过努力后能够实现的，要避免目标过高而影响执行，或者过低而无法起到激励作用。

④R（relevant）：指目标的相关性，即个人目标要与企业目标、岗位职责相关，并与长短期目标要相关。

⑤T（time-bound）：指目标的实现应是有时限的，没有规划时限的目标常常会停留在"想做"阶段。

（4）制定工作目标管理表

确定好工作目标后，管理者要制定工作目标管理表，以明确实现目标需要哪些资源以及具体的措施等，表 2-5 所示为工作目标管理表。

表 2-5　工作目标管理表

工作目标	衡量标准	必备资源	计划安排	完成情况	备注
工作目标1		1. 2. 3. 4.	1. 2. 3. 4.		

06
平稳转型：自我任务管理的四个有效工具

能否通过任务执行来达成目标考验着新任管理者的能力。在推进目标的过程中，管理者可以使用以下几个工具来帮助实现自我任务管理。

（1）可视化任务跟踪表

管理者可以将任务分为计划中的任务、待办任务、进行中的任务和已完成任务，然后将所有任务分别填写在任务跟踪表中，当任务有进展后，就把该任务填写在下一个任务列中。如当前正在处理待办任务列中的任务D，就将任务D移动到进行中的任务列中，然后将待办任务列中的任务D删除，表2-6所示为任务跟踪表。

表2-6　任务跟踪表

计划中的任务	待办任务	进行中的任务	已完成任务
任务A	任务~~D~~	任务D	任务J
任务B	任务E	任务H	任务K
任务C	任务F	任务I	
	任务G	任务~~J~~	
		任务~~K~~	

（2）大小事务记录和规划手机App

在进行任务管理的过程中，管理者可使用待办事项应用来帮自己记录和规划大小事务。例如滴答清单App，可以快速地记录大小事务。

（3）PDCA循环模型

PDCA循环模型提供了任务管理的基本操作流程，按照PDCA循环模型进行任务管理，可以使任务管理更加科学，帮助管理者进步。PDCA循环模型中的四个英文字母分别代表以下含义。

①P计划（plan）：指在开始工作任务前先做好计划，明确任务完成的实施步骤。

②D执行（do）：指根据制订的计划去执行工作任务，以实现任务目标。

③C检查（check）：指对任务的执行结果进行检查，该步骤可以帮助管理者明确任务是否达标，了解存在的问题并总结经验。

④A行动（act）：指根据检查的结果做出行动，对不足之处进行反思和处理，将好的经验加以推广利用。

完成第一轮的PDCA循环后，管理者可以针对新的任务或未解决的问题开展第二轮PDCA循环，不断改善和提升任务管理能力。

07 提升管理能力，新晋管理者的学习与成长方法

加强学习是新晋管理者提升管理能力的重要途径，在职场中，自我学习的主要途径有以下四种。

①阅读书籍或文章。

②参加企业内部或外部培训。

③向企业内部优秀的同事学习。

④工作复盘并总结成功经验。

上述四类自我学习的途径中，对管理者能力提升比较快的是工作复盘，复盘能够帮助管理者优化弱项、强化强项，有效复盘要掌握以下步骤。

◆ 反思

反思的目的是发现工作中的不足。反思的第一个步骤是回顾，为了减

少记忆损失，回顾要保证及时性，最好在一项工作或一件事情完成后不久就进行回顾。回顾的过程中要列出最初的完整目标，整理工作过程中使用的相关材料，如项目报告、用户反馈记录等。

明确了目标后，要检验结果，将目标与实际结果做比较，其情况可能有多种，如达成目标、勉强达成目标、未达成目标以及超额达成目标等。充分对比后找出目标与实际结果之间的差距，然后反思差距产生的原因，具体应包括主观和客观原因。

在反思原因的过程中，管理者要详细、客观地回顾工作目标执行的具体过程，对目标实现过程中的影响因素进行梳理，从中找到失败的原因以及成功的关键因素。

◆ 总结

充分反思后，需要进行总结。总结的内容可以是工作中的不足，如工作计划不周密、工作部署不合理及目标不够清晰等，也可以是工作中的亮点、经验或启示，如前期调研准备充分使项目进展顺利、在沟通中要充分了解客户的痛点，才能引起客户共鸣等。没有解决方案和改善的总结不叫总结，因此，对于存在的问题要给出具体的解决方案，制定具体的工作部署。在具体撰写总结时，可以按照以下内容来布局。

①工作目标完成情况。

②工作主要问题分析结果以及经验总结。

③解决方案、改进措施和步骤。

④下一步开展工作的计划。

◆ 运用

管理者如果不去运用复盘的结果，那么复盘对管理能力的提升效果也会大打折扣。在下一阶段的工作中，管理者要提醒自己去使用改进措施和经验总结，这样才能发挥复盘的效用。

工作效率提升 40% 的三个方法

每天都很忙，总感觉时间总不够用，还经常需要加班，这是很多低效率管理者在工作中常遇到的困扰。反观那些高效率的管理者，他们总能忙而不乱，按时完成工作，实现工作休息两不误。高质量、高效率的工作和用时方法可以帮助管理者提升工作效率，具体包括以下方法。

（1）番茄工作法

工作不够专注、时常开小差是工作效率低的常见原因。为了保持工作专注度，管理者可以使用番茄工作法来进行时间管理，使自己在工作中不被无关的事打扰。

番茄工作法将工作时间按番茄时间进行划分，一个番茄时间由 25 分钟工作时间和 5 分钟休息时间组成，在 25 分钟内，需要保持高度专注，专心做某一件事，中途不要做其他无关的事，当番茄钟响起时，则停下来休息 5 分钟。完成 3 ~ 4 个番茄时间后，可以休息 10 ~ 15 分钟。在具体使用番茄工作法时，要注意以下几点。

①番茄时间为最小计时单位，不能分割。

②如果在番茄时间段内被打扰了，需要暂停手上的工作进行处理，那么当前的番茄时间自动作废，应重新计时。

③尽量避免番茄时间被打断，对于不重要的外部打断，可以记录下来搁置一旁，等到番茄时间结束后再处理。

④可根据工作情况灵活划分番茄时间，如 30 分钟工作时间，5 分钟休息时间；50 分钟工作时间，5 分钟休息时间等。

番茄时间与待办清单、要事优先方法结合起来使用会更有效，管理者可按以下步骤来实施番茄工作法。

①列出当日待办清单，按照要事优先方法将待办事项按优先级从高到低进行排列。

②预估每个待办事项需要花费的番茄时间，制作待办事项番茄时间表，见表2-7。

表2-7　待办事项番茄时间表

当日待办清单	预计耗时	预估番茄时间（25+5分钟）
待办1	55分钟	2个
待办2	20分钟	1个
待办3	80分钟	3个
待办4		
……		

拓展贴示 *制作待办事项番茄时间表的注意事项*

在制作待办事项番茄时间表的过程中，若发现有多个事项预估耗时较短，如只需5分钟，那么可以将这些事项合并，组成一个番茄时间。若某个事项预估耗时较长，如需要8个番茄时间，那么可以将该事项进行任务拆分。

③开始计时，根据番茄时间来工作。

④完成某个待办事项后，将该事项在列表中划掉。

番茄时间有预估不准确的情况，对于这种情况，管理者可对待办事项番茄时间表进行优化，同时分析预估耗时与实际耗时的差距，不断提升精确预估能力。

目前，有很多番茄计时应用可以帮助我们开展番茄时间管理，例如番茄ToDo（番茄工作法）手机App。

（2）二八法则工作法

对于中高层管理者来说，每天都会面对大量繁杂的工作任务，如会议、文件、邮件、咨询和培训等。当工作任务过于繁杂时，很多管理者会不自觉地采用错误的工作方法：将大部分时间和精力用于处理次要工作任务。这样不仅会导致工作慌乱，还会影响工作效率。

面对繁杂的工作任务，管理者可以采用二八法则来进行处理。二八法则指花 80% 的时间集中精力完成重要工作任务，剩下 20% 的时间用于处理次要工作任务。在践行二八法则时，要结合四象限法则对工作任务进行紧急和重要程度划分，以确保工作时间分配合理。

（3）集中批量处理法

工作中一些次要、琐碎的事务很容易打乱我们的工作节奏，导致不能高效地完成工作。将这些次要、琐碎的事务集中起来进行统一处理，可以大大提高工作效率。

次要、琐碎的事务常常会在专注工作时打扰我们，当有次要、琐碎事务出现时，可以将这一项工作用便签记录下来，放进"次要任务篮"。等到重点工作处理完成后，再统一处理，比较好的方法是每天留 10 ～ 30 分钟处理"次要任务篮"中的事务。

另外，管理者还可以将一些次要、琐碎的事务授权给他人去做，让自己把时间更多地花在重要工作上。

第3章

"变身"主管
如何高效开展日常工作

在企业中，中层管理者既要执行上级安排的任务，也要指导下属的工作，如何做好双向负责的日常工作是新上任管理者必须思考的问题。下面以分配工作、接受任务、办理落实、汇报反馈和会议召开等日常管理工作为例，来看看高效工作的具体方法。

01
给下属有效分配工作的五个步骤

根据上级的指令将任务分配给下属，让下属按要求完成，是重要的管理工作内容之一，给下属分配工作可以按照以下步骤来进行。

（1）明确哪些工作可以分配给下属

并不是所有的工作都可以交给下属去完成，在分配工作任务前，管理者首先要确定哪些工作任务可以分配给下属。一般来说，以下四类工作可以分配给下属去做。

①比较琐碎，做起来耗费精力的非核心工作。

②没什么技术难度，不需要太多经验也能完成的工作。

③比较容易做出成绩的工作。

④有一定挑战，但下属能够独立完成或者在指导下可以完成的工作。

那些难度较大，下属无法胜任的工作，管理者不要分配给下属去做，这样不仅会影响工作进度，也会影响任务的完成结果。另外，高优先级的、涉及保密事项、只能由自己做的工作也不能交给下属去做。

（2）确定合适的人选

明确了可分配的工作任务后，管理者要确定适合该项工作的人选。要做好这一步，管理者需对下属有充分的了解，包括下属的专业知识、优势才干、喜欢做什么、对待工作的态度以及渴望得到什么等。管理者可以通过以下方法来了解下属。

①看一看：指通过"观察"来了解下属，如观察下属是如何开展工作的，包括执行工作所采取的方法、与同事沟通的方式以及会议上的发言等；查看下属的入职简历、业绩评价表和工作汇报等。通过"看"可以了解下

属的知识水平、技能、沟通能力和表达能力等。

②聊一聊：指通过"沟通"来了解下属，管理者可以经常主动与下属沟通，询问下属喜欢做什么工作、期望获得什么以及兴趣爱好是什么等。

③验一验：指通过"考验"来了解下属，有时下属的一些真实能力需要考验才能体现出来，管理者可以交办一些看起来有难度或者不可能完成的事务给下属去执行，看下属是否有承担的意愿，是否对突发情况有较好的应对能力。

充分了解了下属的基本情况、能力和意愿后，管理者就可以把工作任务分配给符合胜任要求的员工。

（3）交代工作任务的标准

在分配工作任务时，管理者要交代清楚工作任务的标准，包括任务内容、目标要求、衡量标准、截止日期和可能出现的问题等，如以下工作任务分配内容。

> 工作任务：推广企业新媒体平台。
>
> 目标要求：平台粉丝量达到 10 万。
>
> 衡量标准：完成目标要求的 80%，有效粉丝数达到 60%。
>
> 截止日期：12 月 30 日。

工作任务分配的方法有多种，包括邮件、面对面传达和电话沟通等。在条件允许的情况下，最好采用面对面传达的方式，这样可以了解下属对工作任务的反馈，必要时可以让下属复述工作事项，以确保下属明确了工作内容和目标。

（4）给予下属对应的权限

根据工作任务的内容，管理者要给予下属对应的权限，以让下属能顺利开展工作。权限的大小要与工作责任的大小相匹配，如给下属分配了人员招聘的工作任务，那么就要给予下属登录招聘后台、发布招聘广告、人员面试和录用等权限。

（5）跟踪工作任务进展

完成工作任务的委派后，不代表就可以高枕无忧了，管理者还需跟踪了解工作任务的执行情况，以实现对工作进度、工作结果的有效控制。具体可根据工作任务的难易程度、下属的能力以及截止日期的长短来确定工作进展检查的频率。难度较大的工作应优先检查，对能力较弱的员工要提高检查的频率。

> **拓展贴示** *给下属分配工作任务的注意事项*
>
> 为避免出现下属不能正确理解工作任务的情况，传达工作任务时应尽量简明易懂，向下属清楚表达工作任务的重点以及想要的结果。可以采用"要点式"的阐述方式，将工作内容条例化，按照1、2、3的方式来说明工作任务，最后可以进行总结归纳。在传达任务的同时，要注意观察下属的反馈，从下属的姿态、回答中了解其对工作任务的了解程度。

02
实施过程中进行跟进、监控，确保执行到位

在下达了工作任务后，管理者要主动跟踪，监控工作进程，以确保工作任务执行到位。对工作进展进行跟踪、监控，要注意以下几点。

◆ 监督程序的设计要因人而异

在对下属的工作进展实施监督时，管理者首先要了解工作任务的执行

人是谁，若是一名自驱力很强、工作成熟、经验丰富的下属，那么监督程序就不必太复杂，管理者可以对某一关键节点或结果进行检查和跟踪。对于能力不强的下属，就要按照工作任务预期的进度对下属实施过程跟踪，通过设置备忘或提醒来让自己主动跟进工作任务执行的过程，掌握工作进展情况。

◆ 工作跟踪和监控要常态化

在管理过程中，管理者应将工作跟踪和监控常态化。而不是想起来时就询问下员工的工作执行情况，工作忙时就不再检查、过问员工工作进展，这样的监督方式很容易导致下属工作问题堆积。

将工作监督作为日常管理的一个重要环节，做到及时发现执行中的问题并解决，这是保证工作结果有效的方法。

◆ 让员工认识到工作监督的必要性

面对管理者对工作的检查和了解，部分员工会存在抵触心理，认为管理者的监督行为是对自己的不信任。为避免员工产生这种心理，管理者要建立适合全体团队成员的控制体系，让下属明确工作跟踪、监控的目的是帮助他发现工作执行中存在的问题，改善执行偏差，而不是挑错。常见的工作跟踪和监控方法如下所示。

①工作抽查法：抽查可以定期进行，也可以不定期进行，如一周一次、10天一次等。工作抽查的对象可以随机选取，检查的内容可以是工作的进度、工作完成质量等。

②工作汇报法：管理者可以建立工作汇报机制，让下属养成定期汇报工作的习惯。然后通过下属的工作汇报来跟踪和监控工作进展，如让下属每周五提交工作汇报，在工作汇报中说明工作成果和遇到的问题等情况，工作汇报可以采取口头、书面及邮件等方式。

③制度考核法：有效的考核、反馈制度也可以对员工起到约束监督的

作用。在企业内部，管理者可以建立过程审核、绩效考核等机制，让员工在完成工作任务的过程中接受绩效考评，通过日常的考核、过程监控和评价来让员工进行自我约束监督，同时也通过考核评价来了解员工工作任务的执行情况。

④工作例会法：大多数企业都会定期开展工作例会，在工作例会中，管理者可以让员工汇报工作落实情况，有针对性地对工作的关键环节、问题进行询问。

⑤系统监督法：有条件的企业可以在内部搭建协同办公平台，通过办公自动化（OA）软件、移动办公系统实现对下属工作任务的跟踪和监控。

⑥人员监督法：对于特定的工作或项目，管理者可以安排专门的监督人员对工作进程、质量进行检查和跟踪，让监督员在监督记录表中记录存在的问题、工作完成的效果，然后根据监督记录表的内容来采取必要的改进或纠正措施，表 3-1 所示为项目监督记录表。

表 3-1　项目监督记录表

项目基本情况			
项目名称		项目类型	
项目负责人		主要成员	
项目状态		项目期限	
检查内容及评价			
监督检查日期		监督员	
监督内容	监督记录		
项目主要任务及完成情况记录	1. 2. 3.		

检查内容及评价		
结论	□合格	□不合格
评价说明		
总结分析		
确认意见	□监督情况属实　　　　□监督情况不属实 被监督部门负责人：　　　　　　　　日期：	

03
从容处理下属的过失，用辅导提供支持

下属在执行工作任务的过程中，可能会因为经验不足、失误等原因导致工作错误。如何处置下属的过失，是管理者的一项必修课。面对犯错误的下属，不同的管理者采用的处置方式会有所不同，有的可能会强烈批评，有的则可能会置之不理，或者极力撇清自身的责任，以上几种都不是正确的处置方式。

面对下属的过失，正确的方式应是帮助下属在错误中得到经验和成长，具体可按照以下步骤来对待下属的过失和错误。

（1）分析过错产生的原因

在日常工作中，下属难免会犯错误。作为管理者，首先要以平常心来对待犯了错的下属，与下属共同分析过错产生的原因，而不是一味地指责。通过原因分析可以让下属认识到犯错的症结，从而更好地解决问题，避免在以后的工作中犯同样的错误。在工作中，下属犯错的常见原因有以下几类。

①业务不熟：大多数情况下，新员工或实习期员工会因为业务不熟而导致出现工作失误。对于此类员工来说，加强业务技能培训是很重要的。

②方法技巧欠缺：工作的方法或技巧欠缺也可能导致下属犯错，针对此类原因，管理者可将自己的宝贵经验传授给下属，让下属少走弯路，减少试错的成本。

③粗心大意：工作上粗心大意，不注重细节也可能造成工作失误，面对此类原因所产生的过失，管理者首先要提高下属工作的责任心，让下属以高标准要求自己，注重检查、核对环节，逐渐培养认真、细心的工作习惯。

④负面情绪的影响：受焦虑、紧张及悲伤等情绪的影响，下属在工作中可能会因为精神状态不佳，内心糟乱而造成一些明显的工作失误。针对此类情况，管理者要帮助下属排解不良情绪，通过传递自己积极的情绪去影响下属的情绪。管理者也可以开展情绪管理培训，让下属学会自我调控情绪。

（2）采取灵活的方式进行处理

了解了下属犯错的主要原因后，管理者要根据过错的动机、类型和后果来灵活处理，常用的处理方式有以下几种。

①批评：为了让下属记住教训，管理者可以对犯了严重错误的下属进行批评。批评应对事不对人，注意给下属留有情面。管理者可以私下选择一对一面谈的方式来指出下属的问题，让下属明白事情的严重性。在批评了下属后，要适当地进行安抚和激励，让下属消除抵触、失落不安的心理。

②处罚：如果因下属的工作过失给企业带来较大的损失，那么管理者可以根据企业相关的规章制度，对下属给予相应的处罚，如降职、通报批评等。

③宽容：对于下属因无心之失而导致的过失，管理者可以多一点包容和理解，给予其改正的机会。同时，向下属表达信任，对下属提出要求，

鼓励下属做好接下来的工作。

以上三种处理方式可以归纳为"容错"和"追责"。在企业中，容错和追责都是重要的管理方式。容错机制允许员工犯错，通过宽容下属的合理错误来赢得下属的忠心，让下属不断成长进步。但容错也应有度，对于必须杜绝、不能饶恕的错误，管理者不能采取容忍的态度，而应用追责机制来避免犯错严重化。

针对下属的错误，到底是采用容错机制还是追责机制，具体要看犯错的原因是否"合理"，具体见表 3-2。

表 3-2　容错与追责的处理标准

标　准	容　错	追　责
原　因	客观因素或不可抗力	主观恶意或个人意图
行　为	积极处理，及时采取补救措施	隐藏、推诿，忽视错误
后　果	没有损失或伤害较小	造成严重后果
因　素	能力不足、经验欠缺，探究新的工作方法和思路	原则性犯错，如不诚信、不遵守公司纪律
态　度	端正态度，主动承认	知错不改，重蹈覆辙
频　率	初犯	超过三次

（3）提供改进建议和辅导

针对下属的过错，管理者要提出改进建议，并通过辅导来帮助下属积极吸取教训，在错误中取得进步和成长。因为工作上的失误，部分下属可能会产生心理负担，这时管理者要做好疏导工作，以避免消极情绪影响下属工作的积极性。

> **拓展贴示** *统一容错和追责机制标准*
>
> 在应用容错和追责机制时，管理者要坚持对事不对人的原则，统一追责或容错的标准，以避免因处置标准不统一导致员工心生怨言。

04
运用三大工具规范地接受并执行工作

中层管理者在企业中扮演着承上启下的角色，对新晋管理者来说，是否能规范地接受并高效执行任务，影响着上级对我们的认可度，管理者可以应用以下工具来接受并执行上级安排的工作。

（1）受命四工作法

受命四工作法将接受工作任务的步骤分为四步来进行，包括回答、记录、核实和整理。

①回答：回答指在接受上级的工作受命时，要及时应答，如上级通知"公司新产品近期准备进入市场，你负责此次新产品推广工作"，这时应及时做出回应，如"好的，我会尽快完成新产品推广方案。"

②记录：在上级传达具体的工作要求时，要做好详细的记录，包括任务内容、期望指标、注意事项、重点以及完成时间等内容，通过记录可以在执行工作任务时随时备查，确保工作执行结果。

③核实：在接受工作任务的过程中，要向上级核实工作要求是否有遗漏以及任务是否交代完毕，如复述一遍上级安排的工作并确认，询问是否还有其他要求。

④整理：根据任务要求对工作任务进行整理，明确完成这项工作需要哪些支持，并制订具体的工作计划。

（2）5W2H工作整理法

在整理工作任务的过程中，可以使用5W2H法来对工作任务进行整理。5W2H由5个W和两个H组成，其具体含义见表3-3。

表 3-3　5W2H 的含义

5W2H	含　　义
what	指什么，即明确要做的工作是什么
who	指谁，即明确工作由谁来承担
when	指什么时候，即什么时候完成工作任务
where	指什么地点，即工作任务应该在哪里开展
why	指为什么，即为什么要这样开展工作
how	指怎样，即工作要怎么开展或执行
how much	指多少，即工作质量所要求的程度

通过 5W2H 整理法可以对工作任务进行分解，同时也为工作的执行提供行动思路。

（3）工作执行四依据法

工作执行四依据法指在工作任务具体的执行阶段，要根据制度、流程、变化和方法来让工作任务高效执行。

①制度：指在执行工作任务的过程中，工作行为要符合企业的各项规章制度，如考勤制度、保密管理制度等。

②流程：指要依据工作流程的要求来规范作业，如针对产品定价，某企业对定价流程做出了要求；要求产品定价需经审核批准后才能生效，如按照"确定产品明细→确定产品成本→确定定价要求→初步进行定价→确定是否调整→编制价格表→审核确认价格表→批准价格表→价格表归档并下发→价格表生效"的流程来确定定价。

③变化：在落实工作任务时可能会遇到一些无法预测的"变化"，如突发状况或者无法解决的难题，面对这些"变化"，要根据具体的情况来

做出应对。当事情变得可控后，要向上级汇报现状，让上级及时了解目前的工作情况。

④方法：一些科学的工作方法可以帮助管理者高效地执行工作任务，如番茄工作法、目标管理者法及四象限法等。在使用这些工作方法时要注意灵活运用，反思不足，总结经验，从而找到适合自己的工作方法。

05
做好工作汇报的三个要点和两个技巧

对上级来说，工作汇报是了解下属的工作情况、价值成果的重要工具，工作汇报做得好与坏很大程度上会影响上级对我们的评价。按照汇报的方式，工作汇报可分为书面汇报和口头汇报两种形式，不管是哪种形式的工作汇报，都要讲究方法。

（1）做好工作汇报的三个要点

向上级汇报工作要避免流水账式的展开，在汇报工作时，要注意以下三个要点。

◆ **工作汇报的主题要突出**

根据工作汇报的内容形式，工作汇报可分为工作计划汇报、工作总结汇报、工作进度汇报和项目专题汇报等。在做工作汇报前要明确工作汇报的主题，确保工作汇报的内容能够体现汇报的中心思想，如工作计划汇报，在内容上要体现对工作规划，包括主要工作目标、存在的困难、工作要求和工作措施等内容。

◆ **工作汇报的逻辑要清晰**

工作汇报应有一定的逻辑性，要避免内容杂乱，杂乱的工作汇报会让上级不清楚讲了哪些内容。工作汇报可以按照总分总的结构进行表述，以年度工作总结汇报为例，具体目录如图 3-1 所示。

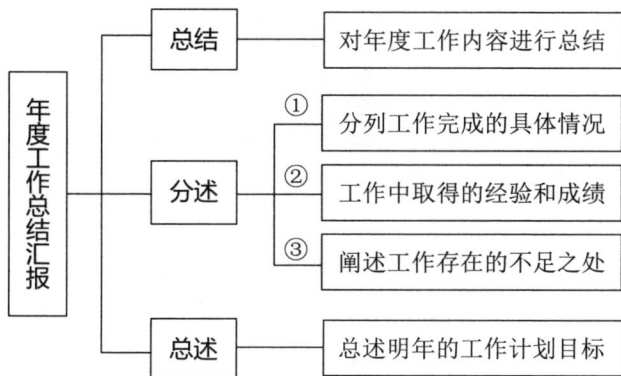

图 3-1　年度工作总结汇报方式

在分述时也要注意逻辑关系，具体可按时间、结构、递进或对比等方式来进行内容排序。

①时间。指按时间先后顺序对内容进行排序，如按第一季度、第二季度、第三季度、第四季度的时间顺序来阐述年度工作成绩，让上级看到工作整体的"进度条"，如图 3-2 所示。

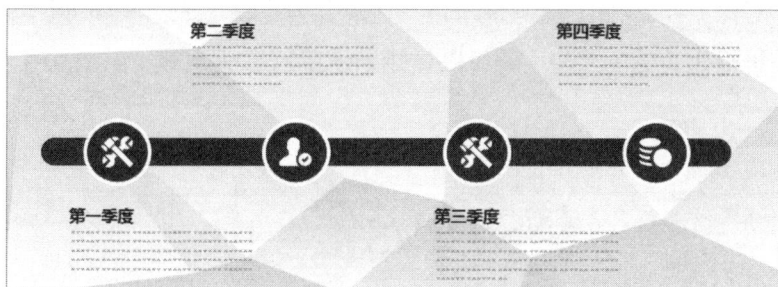

图 3-2　按时间顺序汇报工作

②结构。指按整体到部分的顺序对内容进行排序，如以团队人员动态为主题做工作汇报，可将这一主题可分为四部分，分别为在职人员配置现状、人员引进现状、人员流失现状和离职人员分析，然后用结构形式进行呈现，如图 3-3 所示。

图 3-3　按整体到部分的形式汇报工作

③递进。指按重要程度或强弱来进行内容排序，如按核心指标、重要指标、一般指标的顺序来对工作目标值的完成情况进行统计，如图3-4所示。

序号	考核指标	权重	数据提供	目标值	目标完成实际值
1	核心业务指标	50%	销售部	100%	
2	下属员工管理成效	30%	总经理	90%	
3	管理效果评价	15%	下属	80%	
4	部门费用控制率	5%	财务部	70%	
5	......				

图 3-4　按递进关系汇报工作

④对比。指按照比较关系来进行内容排序，如要在工作汇报中体现往年与今年销售业绩的差异，就可以使用对比的方式来呈现，如图3-5所示。

图 3-5　用对比的方式汇报工作

◆　工作汇报的内容要实事求是

在工作汇报中总结取得的成绩、存在的问题和差距时都应实事求是，反映客观现实，切忌说空话大话，弄虚作假。撰写工作汇报时，材料收集是否准确、丰富会影响工作汇报的整体质量。材料的收集应注重全面和真实，这样才能保证工作汇报反映事实。

在日常工作中，管理者要养成建立"材料库"的习惯，将历史业绩数据、行业市场数据和经验总结记录等收集起来，以备撰写工作汇报时使用。

（2）做好工作汇报的两个技巧

要想工作汇报得到上级的认可，在做工作汇报时管理者还要学会运用汇报的技巧。

◆ 做总结汇报时多用数据

做工作总结汇报时，用数据和图表来展现工作成绩可以让汇报更有说服力，如将目标达成情况与任务目标数据做比较、将今年的市场份额与去年同期数据做比较，用数据来说明个人行动以及管理措施的有效性。图3-6所示为去年与今年销售收入数据图表，用柱状图可以直观地展示销售收入的增减情况。

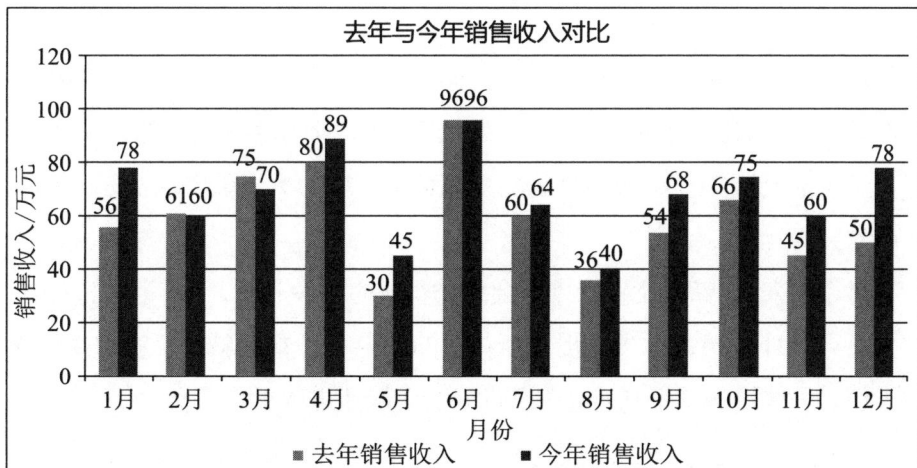

去年与今年销售收入对比

图 3-6　用数据和图表来展现工作成绩

◆ 做口头汇报时结论先行

在企业中，上级每天都需要处理很多事务，他们往往不喜欢长篇大论的工作汇报。因此，在做口头汇报时应做到开门见山，结论先行，先用精简的言语让上级了解工作汇报的重点内容，等到上级询问详情时，再给出具体的细节。另外，口头汇报时机的把握也很重要，应避免在上级心烦意乱、工作繁忙的时候做汇报，尽量选择上级情绪稳定、时间相对充裕的情况下做汇报。

> **拓展贴示** *如何缓解口头汇报时的紧张情绪*
>
> 在做口头工作汇报时，汇报者可能会因为紧张情绪导致汇报时结巴、忘词等。要破解紧张心理，可在做汇报前提前理清汇报思路，并进行模拟预演，临场汇报时，可以尝试做一做深呼吸，或者通过自我鼓励来缓解紧张情绪。

06
让新员工快速适应岗位工作的操作指南

对于初入企业的职场新人来说，会存在对业务知识不熟悉而导致对新工作适应慢的情况。此外，对于一些没有新员工培训和学习机制的企业来说，新员工可能会因为没有得到良好的入职培训、压力大导致无法满足试用标准而流失。

对企业来说，新员工留存率低会增加企业的用人成本，影响企业的发展。作为一名管理人员，有责任提高新员工的留存率，帮助新员工快速适应岗位工作，具体可从以下几方面来帮助新员工快速进入工作状态。

（1）引导新员工适应工作环境

进入新的工作环境，新员工会产生陌生感，这时管理者要做好新员工的入职指引工作，帮助新员工快速了解并适应新的工作环境。在新员工入职报到的第一天，管理者可以与新员工进行一次单独沟通，了解新员工的兴趣爱好、个性特征等。面谈结束后为新员工指定入职引导人（也可由管理者自己担任入职引导人），由入职引导人来对新员工做一对一的环境适应指导，入职引导人的主要工作可包括以下内容。

①指导新员工提交入职所需资料，办理入职手续，领取办公用品。

②为新员工安排工位，向新员工介绍各部门区域、茶水间、卫生间和打印室等的分布。

③向团队成员介绍新员工，让新员工与同事相互认识。

④让新员工阅读员工手册，向新员工告知企业文化理念、考勤制度等。

⑤向新员工沟通试用期考核内容，根据考核内容进行工作任务布置。

⑥带领新员工熟悉工作流程，告知新员工工作标准。

⑦了解新员工在工作中遇到的问题，并及时提供帮助。

（2）开展新员工入职培训

新员工入职后，管理者要根据新员工的需求和岗位特性来安排培训，具体可包含但不限于表 3-4 所示的培训内容。

表 3-4　新员工入职培训的内容

培训内容	目　　的
岗位胜任能力	让新员工掌握岗位工作所必备的技能和工作方法
知识培训	让新员工了解基础业务知识，尽快熟知产品，常见的知识培训内容有行业特点、产品知识和市场发展前景等
业务流程	帮助新员工熟悉业务流程，确保新员工能按要求开展工作
企业文化	提升新员工对企业文化的认同感，提高新员工的忠诚度
人际关系管理	提高新员工的沟通能力和人际交往能力
职业素养	培养新员工的敬业精神、责任担当等综合素质
规章制度	让新员工了解薪酬、行政管理和奖惩等制度
自我管理	帮助新员工做好自我管理，包括时间管理、情绪管理和形象管理等

（3）与新员工多沟通交流

新员工进入公司后，管理者要主动与新员工沟通交流，帮助新员工解决问题。管理者的适度关心可以让新员工感受到公司对他们的重视，提升新员工对公司的好感度。一般来说，管理者可以按照以下时间流程开展新员工沟通面谈。

入职 1 ～ 7 天，与新员工进行一次面谈，了解新员工进入公司后的感受以及工作情况。

入职 8 ～ 30 天，与新员工进行再次面谈，了解新员工融入团队的情况，对产品、业务的掌握程度以及是否遇到困难。

入职 31 ～ 60 天，与新员工进行试用期考核面谈，了解新员工试用期的考核情况。

入职 61 ～ 90 天，与新员工进行转正面谈，对新员工试用期的表现做出评价，肯定新员工的长处和能力，对工作中需要提高的地方给予改善建议并提出更高的期望。

入职 91 ～ 120 天，与新员工进行工作辅导面谈，沟通转正后的工作表现，指出需要进一步改进的地方。

拓展贴示 **为新员工安排工作应循序渐进**

给新员工安排工作应由简到难。在新员工入职前 7 天，可以安排轻松的工作给新员工，主要目的是让新员工熟悉岗位工作内容和流程。入职一周以后，可以给新员工安排相对简单的工作，当新员工完成工作任务后给予表扬和肯定，以树立新员工的自信心。一个月以后，可以根据新员工的胜任度安排有一定挑战性的工作，在该过程中要提供帮扶辅导，以加速新员工的成长。在新员工完全熟悉岗位工作后，可以适当授权，让新员工独立完成工作任务，主动承担更多工作职责。

07
会前四定：开一场高效且有用的会议

在团队管理的过程中，信息的传递、方案的探讨以及问题的解决很多时候都需要通过会议来实现。但在现实工作中，并不是所有的会议都能解决实质问题，低效会议成了不少企业的一大"隐疾"。导致会议低效的原因有多种，常见的原因有以下一些。

①开会前没有确定会议主题。

②会议节奏混乱，没有时间限定。

③参加会议的人员没有做会前准备工作。

④没有会议主持人，会议冲突无人协调。

⑤会中控制不当，与会议无关的话题讨论没完没了或者参会人员集体沉默不语。

⑥会议场所过于开放、嘈杂。

⑦没有会议收尾总结，散会后仍然意见不一。

⑧会议纪要没有及时整理和发放。

⑨没人落实和跟进会议确定的行动方案。

一场低效的会议往往是因为没有做足会前准备工作所造成的，在会议开始前管理者要定好以下几点。

◆ 定好会议议题

每一场会议都应有明确的议题，会议议题体现了会议的目的及中心主题。在开会前让所有参会人员明确会议的议题，可以统一参会人员的会议目标，避免会议偏题。

◆ 定好会议的议程

会议议程明确了会议的主要内容和流程，完整清晰的会议议程有助于保证会议按设想有序开展。表 3-5 所示为某企业专题会议议程。

表 3-5　某企业专题会议议程

时　间	会议内容
8:30 ~ 9:00	会议入场签到
9:00 ~ 9:10	领导致欢迎词 致辞嘉宾：张××、李××、罗××
9:10 ~ 9:50	专题报告：企业线上网络平台建设和运营 发言人：王××
9:50 ~ 10:30	专题报告：如何抓住大数据营销机遇实现转型升级 发言人：赵××
10:30 ~ 11:00	全体参会人员答疑交流
11:00 ~ 11:20	得出会议结论并总结
11:20 ~ 11:30	大会结束，参会人员返回工作岗位

在确定会议议程时要明确四个时间点，包括会议开始的时间、会议结束的时间、参会人员发言的时间以及确认行动方案的时间。

◆　定好会议的参会人员

不同类型的会议需要邀请的人员会有所不同，在开会前要根据会议的内容来确定参会人员。参会人员一般由主持人、发言人、决策者、记录人及其他与会议主题内容相关的与会者组成，原则上不邀请与会议内容无关的人。不同角色的参会人员其主要职责如下所示。

①主持人。宣告会议开场和结束，控制会议节奏，确保会议按照会议议程有序开展。

②发言人。围绕会议主题发言。

③与会者。参与互动讨论，发表意见和建议。

④决策者。根据会议意见做出判断和决策。

⑤记录人。跟踪记录会议要点形成会议纪要。

确定好参会人员名单后需提前 1 ~ 2 天通知，以让参会人员有时间进行会前准备工作。若此次会议需要上级领导参与，那么要提前与上级领导确定时间，以避免时间冲突导致上级无法参与会议。会议通知中要写明会议主题、会议时间、会议地点以及会议主要内容，如图 3-7 所示。

关于召开年度总结会议的通知

各部门：
　　为总结2022年工作，部署 2023年工作任务，公司将于1月7日召开2023年工作会议，现将有关事宜通知如下：
一、会议时间
1月7日上午8:30。
二、会议地点
公司办公楼一楼会议室
三、会议内容
1.2022年工作情况汇报。
2.2022年工作总结与反思。
3. 提出 2023年工作计划。
4. 通报表彰优秀员工。
四、参加人员
公司全体员工
五、相关要求
1. 请参会人员提前做好工作安排，届时务必准时参加。
2. 会议期间禁止随意走动，保持会场秩序，将手机调至振动或静音状态。

图 3-7　会议通知示例

◆　定好会议所需物料

在会议开始前，会议负责人要确保会议所需物料准备齐全，具体要做好以下准备工作。

①会议场地。根据会议安排确认会议场地是否可用。

②会议所需设备。准备会议所需设备，如音响、话筒及投影仪等，开会前进行设备调适，确保设备能正常使用。

③会议所需资料。准备会议所需的资料，如幻灯片（PPT）、纸质文件等。

高效会议的三个要点

　　①准时开始和结束会议,按照议程讨论会议议题,在开始下一个议题时,应确保上一议题已结束。

　　②会议中注意控制和引导,当会议跑题时及时中断,引导和纠正讨论方向,避免人为会议超时。

　　③会议结束后及时将会议纪要发放给参会人员,通过会议纪要跟进会议行动方案,确保会议决策得到有效执行。

08
如何运用移动工具开线上远程会议

　　按照会议的形式,会议可分为线下会议和线上会议两种。对于经常出差的管理者来说,很多时候都需要通过线上视频会议来实现面对面的交流。召开线上视频会议需要使用网络视频会议工具,比较常见的工具有腾讯会议、钉钉及飞书等,这些工具通常都支持手机、平板和电脑,下面以钉钉为例,介绍如何发起线上会议。

案例实操

使用钉钉发起线上视频会议

　　在手机中下载并安装钉钉,点击"钉钉"应用图标,在打开的页面中输入手机号码(没有账号可选择手机号注册),点击"下一步"按钮,如图3-8所示。

（a）

（b）

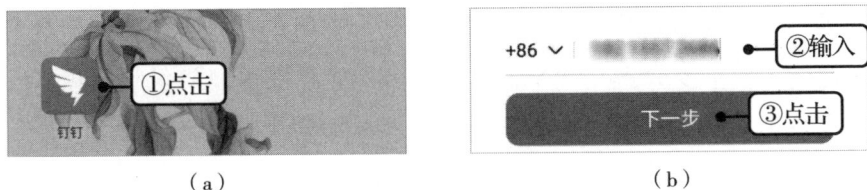

图 3-8 注册"钉钉"

在打开的对话框中点击"确认"按钮,在打开的页面中输入密码,点击"登录"按钮,如图 3-9 所示。

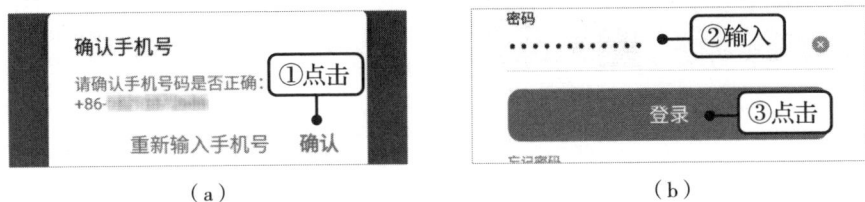

（a）

（b）

图 3-9 登录

进入"消息"页面,点击"📞"按钮,在打开的页面中点击"发起会议"按钮,如图 3-10 所示。

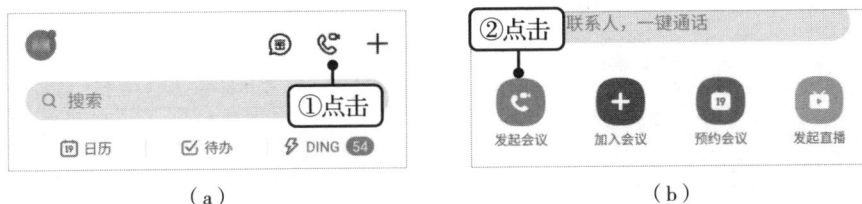

（a）

（b）

图 3-10 发起会议

在打开的页面中输入会议主题,点击"开始会议"按钮,如图 3-11 所示。

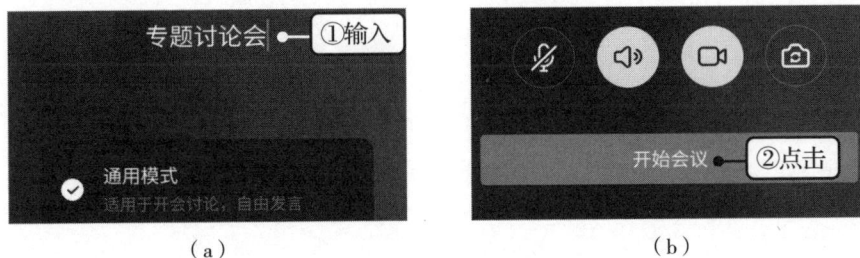

（a）

（b）

图 3-11 开始会议

进入邀请页面，可选择分享入会口令给参会人员或直接添加参会人，这里点击"添加参会人"按钮，在打开的页面中可按组织架构、角色、联系人来添加参会人，选中要添加的参会人单选按钮，点击"确定"按钮，如图3-12所示。

（a）

（b）

图 3-12 添加参会人

拓展贴示 *如何加入同事发起的钉钉视频会议*

在钉钉登录页面点击"更多选项"按钮，在打开的对话框中选择"进入会议"选项，在打开的页面中输入同事分享的入会口令，点击"进入会议"按钮，即可加入同事发起的会议，如图3-13所示。

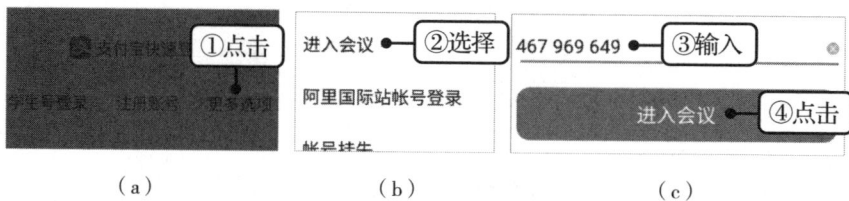

（a）　　　　　　　　（b）　　　　　　　　（c）

图 3-13 加入他人发起的会议

第4章

用沟通与激励
获得上下级支持

　　团队管理中，沟通是团队协作的基础，而有效的激励则是打造高绩效团队的关键。沟通和激励的方式有很多，针对不同类型的员工、不同的环境，管理者需要灵活运用沟通和激励机制，建立上下级之间的情感纽带，营造良好的内部竞争环境。

与下属交流，学会这三个沟通方法

优秀的管理者通常都很重视与下属的沟通，但并不是所有的向下沟通都是有效的。要与下属顺畅沟通，首先要避免一些不受下属欢迎的不良沟通习惯，具体见表4-1。

表4-1 不受下属欢迎的不良沟通习惯

不良沟通习惯	常见表现
缺乏倾听	只顾喋喋不休地表达，忽略下属的感受，不倾听下属的观点
不尊重下属	沟通中态度冷漠傲慢，在下属汇报工作情况时打断下属，用职位上的权利来让下属接受和服从
情绪化	指出下属工作中的失误或不足时发脾气，语气中带有责怪和生气的情绪
抱怨式谈话	在谈话时发牢骚和抱怨，表达对工作、制度等的不满

上述不良沟通习惯常常会导致以下现象。

①管理者无论说什么下属都没有任何回应。

②管理者无法与下属交心，上下级之间关系紧张。

③团队没有凝聚力，无法获得下属的认同和支持。

表达上的问题、不注重倾听以及情绪化等都可能导致沟通失败。在与下属沟通时，可以使用以下三个方法来提高沟通效率。

（1）有效的表达

表达是沟通的基础，但在实际交流中，人们并不能100%阐述出心中所想，当口中说出来的内容传达给对方时，能被对方理解、消化的部分往往又会减少。沟通漏斗模型可以很好地概括沟通各环节中存在的"漏斗"现象，如图 4-1 所示。

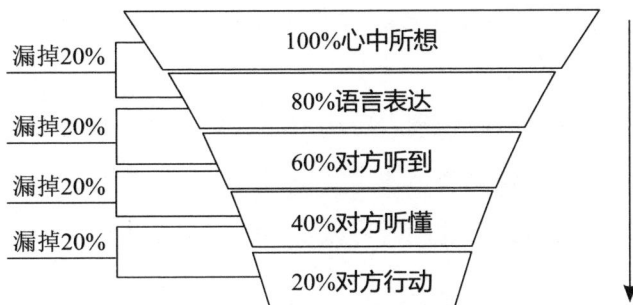

图 4-1　沟通漏斗模型

　　根据沟通漏斗模型可以看出，从表达心中所想到对方听懂，他人真正理解的内容大概只有 40%。虽然实际沟通中情况可能没有那么严重，但沟通中的漏斗现象确实存在。管理者要做的就是尽可能减少"漏斗"问题，首先要从有效表达开始。

　　通常，没说清楚是导致漏掉第一个 20% 的主要原因，在与下属沟通时，管理者应提前理清思路，想清楚此次谈话的要点，尽可能地在沟通中把要点讲清楚。必要时可以在纸上写下沟通的提纲和要点，在沟通时分点分层进行表达。

　　以与下属谈工作为例，管理者可以在纸上写下要谈的具体工作内容，如工作完成进度、接下来的计划以及工作上的建议等，然后提前打好腹稿，具体沟通时做到详略得当，对于重点内容可以反复强调或者请对方复述一遍，对于非重点内容则可以简略带过。

　　（2）有效的倾听

　　在沟通中，管理者既是表达者也是接收者。在接受信息的过程中，任何一方没听到或者没听清楚都会漏掉第二个 20%。沟通中的有效倾听要从主客观两方面来实现。

　　①客观上，管理者要选择合适的地点和时机来进行沟通。最好选择相

对安静，不被打扰的环境，尽可能地避免环境因素干扰倾听效果。时机上，选择双方时间充裕、精神状态较好时进行沟通，以确保双方能集中精力聆听，更好的理解听到的内容。

②主观上，在倾听时管理者应集中注意力，耐心倾听，尽量避免打断说话者，可以适当地使用肢体语言做出回应，如用微笑、点头来表示认同或鼓励。在倾听对方讲话的同时可以使用纸笔记录下要点，以便于有重点地理解和记忆。

拓展贴示 *倾听时肢体语言的运用*

在动作和面部表情上，微笑、点头、身体前倾以及适当的眼神接触可以传递积极正面的态度。双手交叉与胸前、眼神躲闪和面部紧绷等肢体语言通常会传达消极的态度，如不满、不想继续谈话等。

（3）有效的提问

提问是与下属有效沟通的第三个关键点，提问的方式有多种，管理者可以根据谈话的具体内容来采用不同的提问方式。

①开放式提问：不限制回答内容的提问方式，如你对此次方案有什么建议；你认为你的工作做得怎么样。开放式提问可以让下属感到放松，帮助管理者全面地收集想要的信息。

②封闭式提问：限制回答内容的提问方式，包括肯定或否定两种答复，如你同意此次的工作安排吗？你能按期完成这项工作吗？封闭式提问会迫使下属给出一个明确答复，从而营造紧张的氛围，除非十分需要否则尽量不要使用。

③引导式提问：具有暗示性的提问方式，可以让回答者按照提问者所设计的答案做出回答，具有很强引导性，如你能够独立解决这个问题，是吧；你希望本周开始培训还是下周。

④探索式提问：具有引申、探究性的提问方式，这种提问方式可以更好地了解对方的想法或态度，如为什么你要这样进行数据分组呢；我想适当优化渠道，你有什么看法。

⑤证实式提问：具有证实性的提问方式，适用于在关键问题上进一步确认，如根据你的描述，我认为……对不对；我的理解是……是否正确。

02
说服下属的四个步骤和五个技巧

在工作中，管理者与下属可能会存在分歧。当双方意见不一时，说服下属使双方达成一致就很关键，管理者可以按照以下步骤来说服下属。

◆ 了解下属的内心想法

首先，管理者要与下属真诚沟通，了解下属对于整件事的真实想法，具体可通过提问的方式来引导或鼓励下属说出自己的看法。当对方诉说时，管理者要专注倾听并适当给下属一些正面反馈，这样可以获得更多有用的信息。在下属结束讲话后，对于关键要点可以进行确认，以确保能够充分理解下属的看法。

◆ 表达自己的观点

通过沟通揣摩出下属的心理后，这时管理者可顺势表达自己的观点。清楚明白的表达是成功说服的关键，在表达想法时可以配合强有力的事实、实例来佐证，同时通过面部表情、肢体语言来辅助，这样可以有效提高说服力，改变对方的想法。

◆ 提出解决方案

做好前面两步后，可以与下属共同探讨解决方案，或者以建议的方式提出实施方法。让下属参与其中可以建立互相尊重、信赖的上下级关系，让下属感受到存在感，觉得自己有选择权，从而赢得下属的认可。如果以控制的语气告诉下属应该怎么做，会让下属有被强迫、压制的感觉，使得下属在心理上并不接受我们的观点。

◆ 激发下属行动

要让下属从认同到做出实际的行动，还需要给予鼓励，如告诉下属"我相信你能做到""你一定可以"。这样的鼓励会让下属产生"领导很信任我"的潜意识，这种潜意识会驱动下属按照我们希望的方式付诸行动。

要简单有效地说服下属，让其接受我们的观点，在具体说服的过程中还可以运用表4-2所示的技巧。

表4-2　成功说服的技巧

技　巧	内　容
选择恰当的语气	语气可以体现我们的情绪和态度，在说服下属时，如果采用强硬、攻击性的语气会让下属觉得这个观点是我们强加给他的，容易产生对抗和抵触心理，如冲着下属大声地说"你按照我说的去做""我说的就是对的"。要让下属从心理认可我们的观点，应采用从容、谦和且客观的语气，这种语气才能使双方平和地对话，而不是相互攻击
强调支撑观点的证据	在说服下属的过程中，仅仅是表达自己的观点是没有足够的说服力的。要想说服下属，还需要强调支撑观点的证据，如事实、数据。证据来源的本身会影响下属对于证据的信任程度。因此，在提供证据时，要保证证据是真实可信的，尽量选择从权威、正规渠道获得的证据，这样可以增强证据的说服力
运用视觉化	研究表明，视觉化的内容往往更容易说服对方接受。管理者可以在说服下属时通过讲故事、比喻及图表展示等方式来让下属展开联想，使下属在脑海中生成图像画面。这样不仅可以将抽象的概念转化成视觉语言，还便于下属理解，能大大增加下属对观点的接受度
适时的以退为进	当双方争执不下时，管理者不妨适时地后退，因为紧迫感、剑拔弩张的氛围会降低说服效果，不仅不能让下属了解我们的意图，还会让对方更加强烈地反对我们的观点。在下属坚持自己的想法时，管理者可从态度上适时让步，先从下属的角度来思考问题，表示对下属的理解或者部分观点的认同，然后告诉下属自己的观点及理由，当双方不再针锋相对时就很容易达成共识。另外，管理者也可以先把争执放一放，暂时做个妥协者，等双方不再情绪化或有更好的表达方式时，再与对方沟通

续上表

技　巧	内　容
了解被说服的对象	在说服前应充分了解被说服的对象，针对不同性格的听众，采用的说服方式应有所不同。说服严谨的下属，在言语和态度上都应严肃认真，体现自己的理性。说服自信的下属，要用专业、经验和事实依据来让下属信服；说服敏感的下属，可以从情感上感染员工，言语上不要咄咄逼人，以尊重、放松的姿态与其沟通，更能让下属放下戒备，改变主意

03
向上沟通四法则，建立双赢上下级关系

在工作中，管理者需要与上级维持良好的关系，通过沟通来获得上级的支持和认可，以确保管理工作能有序开展。管理者与上级领导沟通要注重以下四个法则。

（1）不要争辩

向上沟通忌争辩，不管争辩的结果是赢还是输，都会影响上级对我们的良好印象。与上级沟通，首先要摆正自身的位置，尊重上级的职权。在上级提出工作上的建议时，不要马上反驳或者摆出不高兴的神情，而应耐心倾听、虚心接受，争取在后续的工作中做得更好。

如果在沟通中与上级有不同的意见，最好采用引导、征询的方式提出，如"您的观点我很认同，但我觉得……会更好，您觉得呢""这三个方案中，我倾向于第二个方案，能告诉我您为什么觉得这个方案不好吗"。语气上要委婉、温和，应尽量避免双方产生冲突或争执，不要为了表现自己的精明而顶撞上级，或者固执己见地把自己的意志强加在上级身上，应把最终拍板、定夺的权利交给上级。

（2）明确意图

和上级沟通交流，要学会站在上级的角度思考，充分领会上级的意图，明白上级想要我们做什么，并恰当地做出回应，以让上级感受到我们能够理解他的想法。那么在沟通中管理者要如何明确上级的意图呢？具体有以下方法。

①在日常工作中，管理者要多了解上级，包括上级的性格特征、工作作风、目标关注点、喜欢的交流方式以及是否愿意采纳下属的意见等。管理者如果对上级有足够多的了解，那么在沟通时会更容易从上级的言行举止中领会其所传递的信息。

②对于上级口头交代的内容，可以在备忘录中记录下来，然后通过自我发问来领会上级的意图，如上级口头安排了一个活动策划工作，可以在脑海中提问"为什么上级要开展这次活动""此次活动想要实现什么效果""为什么上级要让我负责"，通过反复的提问和琢磨，对领导意图的把握会更准确。

③把握上级意图时不要一知半解，如果确实没有明白上级的本意，那么不妨当面询问，不要轻率地回答："我明白了。"在没有了解清楚的情况下去执行，只会让工作陷入困境。

④在沟通结束前，管理者可以对上级的要求进行确认，如向上级询问："张总，关于此次活动策划的要求我按自己的理解复述一遍，一是……二是……三是……您看是否有偏差。"主动复述可以让上级清楚我们明白了他的意图，以便在后续的工作中配合一致。

（3）选准通道

沟通通道的选择也会影响沟通的效果，管理者可以根据沟通的目标来选择沟通渠道。

①简单的信息传递：如果沟通的目标是传递信息，并不需要上级回复

或反馈，那么可以采用邮件、钉钉、微信等沟通渠道，只需让上级清楚信息内容即可。

②获得上级支持：当有重要的工作需要寻求上级支持时，如让上级帮忙协调资源、破除阻碍，要选择有互动性的沟通渠道，如面对面沟通、音视频沟通等。

③说服上级：当沟通的目标是说服时，最好采用面对面的沟通渠道，这样更能消除理解上的偏差，使双方达成共识。

（4）注重礼仪

在工作场合与上级沟通要举止有分寸，不能因为与上级关系良好就唐突不礼貌，具体要注意表4-3所示的沟通礼仪。

表4-3　与上级沟通的礼仪

要　　点	注意事项
注意场合	上级犯错时不要当众指出上级的错误，意见相左时不能私下议论对上级的不满，应在双方单独交流时委婉地向上级告知犯错的具体事实或与上级探讨对某件事的看法
注意时间	不要在上级很忙的时候临时找上级沟通，工作沟通最好提前约定时间，确保上级时间充裕。发送微信、钉钉消息时，要注意不能在深夜或者休息日"狂轰乱炸"，除紧急情况外，一般不要在休息时间打扰上级
注意回复	上级交代工作时要及时回应，并向上级询问期望和标准，主动向上级汇报工作进展。有关工作的微信消息也要及时回复，尽量使用文字形式，因为对方可能处于不方便收听语音的场景

拓展贴示 *微信回复三步走*

回复上级的工作微信消息，要注意避免过于随意，如只回复一句"嗯"，这会让上级感到敷衍。具体回复时可按以下三步进行：向上级回复收到了消息→重复重要内容→表明自己的行动，如上级微信通知做一个培训PPT，这时可回复"好的，收到，是××培训的PPT吗，我最晚周五前发送到您的邮箱，您看行吗？"

跨部门沟通，不做于事无补的指责

在组织内，管理者常常还需要与其他部门进行交流和协作。跨部门沟通属于同一个层级的沟通，常见障碍有以下一些。

①沟通时常常"语言不通"，容易因出发点不同、工作方式不同以及观点不同产生分歧。

②部门间无法相互支持，沟通中缺少真诚，当工作环节出现问题时，就相互推诿、指责，都不愿意承担责任。

③矛盾与冲突往往不能得到及时的化解，导致冲突日积月累，部门间的不满逐步升级。

要实现跨部门间的有效沟通，首先要明确导致跨部门沟通障碍的主要原因，具体有以下几点。

①部门间工作性质、目标不同，导致双方无法相互理解，跨部门沟通时各抒己见，无法形成统一。

②部门间信息获取的渠道、方式、内容和程度不同，信息上的不对称导致跨部门沟通效率低，形成沟通障碍。

③部门间相对封闭，每个部门只关心本部门事务，导致跨部门之间的协作与沟通被无形的"墙"阻隔。

④组织内部的横向沟通机制不健全，缺乏良好的信息沟通平台，导致部门间沟通不顺畅。

⑤跨部门沟通时，个体间容易因认知、性格特征及环境氛围等的不同产生沟通障碍。另外，员工缺乏必要的沟通技能也会影响跨部门沟通的效率。

面对以上原因，管理者在开展跨部门沟通时，可以使用以下对策来应对。

（1）统一各部门目标

有了统一的目标，各部门在行动上才能做到协同与合作。管理者可以将企业的全局目标作为各部门的核心目标，使部门间在目标上不存在冲突。如设计关键绩效指标（KPI）时，将新市场拓展作为所有部门都需要进行考核的核心 KPI，让各部门将行动聚焦于新市场拓展，为新市场拓展提供支持和服务，当新市场拓展目标达标后，各部门可共享绩效奖金包。这样的考核和激励机制可以让各部门团结在一起，为实现共同的目标努力，在跨部门沟通时也会具有全局意识，让彼此的沟通更为顺畅。

（2）培育良好的沟通文化

一个拥有良好沟通文化的企业，各部门会以相互尊重、开诚布公的态度进行沟通，通过寻求共识来获得双赢的结果。根据企业自身的现状，管理者可以从表 4-4 所示的四个方面入手，来塑造优秀的沟通文化。

表 4-4　塑造优秀沟通文化的策略

策　　略	具体做法
认识内部沟通的重要性	让全体员工认识到内部沟通的重要性，使员工能够主动积极沟通，创造良好的沟通氛围
多样化内部沟通方式	如将书面报告、口头面谈、会议沟通、宣传平台沟通、定期交谈、意见箱、调查、文体活动及邮件等沟通方式结合在一起，让各部门能通过座谈会增进理解和支持，部门员工之间能通过文体活动交流了解，领导能通过意见箱听取员工的反馈建议
规范沟通内部流程	将内部沟通方式、渠道制度化、规范化，形成内部沟通管理制度，使管理者及广大员工能真正参与沟通，从而提高企业的内部沟通管理水平
建立信息化沟通机制	建立健全企业内部信息化沟通渠道，提高员工之间、部门之间的沟通效率，如建立网络即时沟通平台，让员工能通过网络平台顺畅沟通，提高沟通效率

（3）提高员工沟通技能

在企业内部开展沟通技能培训，通过培训来强化员工的沟通意识，从而提高员工的沟通技能。对管理者来说，也要通过自我学习来提高自身的沟通能力。在具体开展跨部门沟通时，管理者可以按照以下方法把沟通做好。

◆ 厘清跨部门沟通的对象

接到跨部门合作的任务后，管理者首先应厘清跨部门沟通的对象，了解此次协作中需要与哪些人进行沟通，并划分优先级，然后针对不同优先级的协作者确立不同的沟通计划，见表4-5。

表4-5　跨部门沟通计划示例

优先级	部　　门	沟通机制	沟通对象	沟通内容
1	信息开发部	每天会议、口头、书面沟通	信息开发部主管	信息化计划、网络调整优化
2	人力资源部	每周邮件、书面报告沟通	人力资源部主管	开发目标、进度
3	市场销售部	根据工作进度同步沟通	市场销售部主管	市场开发、渠道拓展
4	财务部	项目开始前、结束前进行沟通	财务部主管	资金预算、利润率问题
……				

◆ 了解其他部门的语言

跨部门沟通困难，很多时候都是"语言不通"引起的。要想跨部门沟通顺畅，管理者需要听懂其他部门的语言。站在对方的角度考虑能够帮助我们了解其他部门的语言，如换位思考以下问题。

①对 ×× 部门而言，什么是他们的需求点？

②这个方案，对 ×× 部有帮助吗？

◆ 积极主动化解冲突

跨部门沟通也可能产生冲突或误解，面对冲突和误解，管理者要主动倾听，勤于沟通，积极地去化解矛盾。对于小范围内产生的误解，可以一对一逐个说服。针对比较大的冲突，在仅凭个人之力无法解决的情况下，可以依靠团队的力量来化解，如召开跨部门会议，在会议中让核心人员分享观点，然后共同进行探讨，最后让成员们在会议中达成共识。

◆ 利用好工具

在跨部门沟通中，管理者还可以利用邮件、群聊和任务管理等工具。邮件可用于发送通知、文档等，通过邮件沟通可以保留记录，避免跨部门合作过程中彼此推诿、扯皮。群聊可用于组建跨部门协作群，管理者可以分小组组建不同的群，以便于有关联的核心人员交流互动。任务管理工具可用于共享工作进展，让成员能及时知晓任务变动状态，把控任务进程。

05
做有效沟通者，倾听与反馈的技巧

倾听与反馈是有效沟通的两个重要环节，倾听能传递关注和重视，促使被倾听者打开心扉，反馈可以促进彼此的理解。擅于倾听和反馈的团队管理者可以有效提高沟通的有效性，增强与团队成员之间的尊重和情感交流，为打造高绩效团队打下基础。在沟通中，管理者可以灵活运用以下倾听和反馈的技巧。

（1）倾听的技巧

人际沟通中，倾听大概占了80%的比重，真正的沟通高手，在倾听上往往有以下表现。

◆ 懂得察言观色

倾听的过程中要懂得察言观色，因为对方所说的有可能并不是他心中所想的，这时管理者要学会察言观色，通过观察对方的言语和行为来了解其真实想法或言外之意，如以下几种情形。

①对方在诉说时眼神闪躲，或者往别处看，这时管理者要考量对方所说的话的真实性。

②谈到某个话题时，对方刻意回避，如用其他话题岔开，这表明他不想继续谈论这个话题。

③在寻求帮助时，用"忙"来推脱，这表明对方不想帮忙，如对方回答："我这几天工作量比较大，还有好几个客户的问题等着我解决，时间上可能安排不过来。"

④双方意见相左时，对方提高了说话的音调，这说明他很有底气，想要压倒对方，让我们同意他的观点。

⑤对话时，对方身体倾斜或乱动，眼神散乱、下垂，这说明此时他心情烦躁，对此时的对话信心不足；如果对方坐姿端正，眼神沉静，说明他在认真地听，对现在的问题成竹在胸。

◆ 学会抓关键词

能够积极倾听的人往往也善于听取话语里的关键词，通过关键词来了解重点。通常情况下，关键词会被对方重点强调，因此在聆听的过程中，管理者可以重点锁定对方语气较重、一再强调的字眼或话题，这些讯息就是关键内容。

◆ 表现认真专注的态度

向对方传递我们在"认真地听"也是很重要的，良好的倾听者会在沟通时体现出尊重不敷衍的态度。倾听时管理者应避免"开小差"，在面部表情和肢体动作上要表现出专注的态度，如与对方进行眼神交流、重述语意以及点头微笑等。

（2）反馈的技巧

优秀的沟通者会在倾听时给予对方必要反馈，以帮助对方建立自信心，同时也让沟通能继续有效地进行下去，反馈时要避免表 4-6 所示的做法。

表 4-6　有效反馈要避免的做法

反馈方式	具体行为
敷衍式反馈	头也不抬地回答："嗯""我在听""这样哦！是吗？"这样的反馈属于敷衍式反馈，会让对方觉得我们对他说的事根本不感兴趣，继续说下去也只是自讨没趣
打断式反馈	沟通时不等对方说完，自认为已经理解了他的意思，于是打断对方，迫不及待地给对方回应，如员工说："最近业务量上升了，已经加班……"这时立刻打断他并回应："我知道你是什么意思，就是想休息是吧。"这样的反馈会给对方强势的感觉，让对方失去继续沟通的意愿
泼冷水式反馈	总是质疑或否定对方的观点，如在对方话说到一半时泼冷水："我觉得你的想法不对，你应该……"这样的反馈会让对方觉得自己的任何想法都会被否定，从而停止分享
沉默式反馈	在对方说话时保持沉默，既不与对方在眼神上互动，也不提出建议。沉默不语会让对方无法辨识自己的表达是否被理解，对话也无法继续

以上四种做法都是错误的反馈，正确的反馈应能给予对方自信心，让对方有继续沟通的意愿，具体可按以下方法来反馈。

①适时的肯定：当对方出现表述困难或紧张状态时，鼓励和引导对方继续发言，让对方继续分享，具体可用肯定性的词汇和肢体语言来鼓励，如表示赞同、看着对方微笑等。

②重述对方的语意：在听完对方的讲话后，管理者可以用自己的话复述一遍，以确认自己听懂了他的表述，这样不仅能让对方感受到我们在专注地听，还能减少理解误差出现的概率。

③恰当的提问：提问也是反馈的一种方式，管理者可以根据对方的表达提出自己想要询问的问题，提问可以起到确认和澄清的作用，如提问确认："所以说，你觉得这个方案不好？是觉得细节没有考虑到位，是吗？"

用赏识来激发下属，正面激励的五种方法

在团队管理过程中，激励是不可或缺的。有效的激励可以促进成员为实现团队目标而努力，为团队发展提供持久的动力。正面激励是一种积极的激励手段，主要以赞扬、褒奖等方式为主。

（1）奖励式物质激励

奖励式物质激励是以物质奖励来调动员工积极性的一种激励手段，物质激励一般要与企业的薪酬制度、考核制度联系在一起，如将员工的绩效奖金与绩效考核结果挂钩，根据考核排名结果来确定 A、B、C、D 级，再按等级来分配奖金数额，表 4-7 所示为某企业绩效奖金分配方式。

表 4-7　绩效奖金分配方式

考核等级	分值	分值含义	人数	奖金分配
A 级	90 ～ 120 分	表现好，优秀	2 人	500 元
B 级	60 ～ 89 分	表现不错，良好	5 人	200 元
C 级	30 ～ 59 分	表现欠佳，不及格	1 人	0 元
D 级	0 ～ 29 分	表现不佳，差	0 人	0 元

企业的物质激励可包括奖金、奖品及股权等，奖金、奖品属于短期物质激励策略，激励的对方一般是企业全体员工；股权属于长期物质激励策略，激励的对象一般为管理人员或优秀员工。

实施物质激励时，管理者可以将个人激励和团队激励结合起来，在奖励个人的同时也奖励团队，如每月评选两个优秀员工，一个突出贡献团队，优秀员工可获得奖金 300 元，突出贡献团队中的每个人可获得部门已完成月任务 5% 的现金奖励。这样的激励方式可以让员工在完成个人任务的同时

注重团队沟通和协同。

（2）晋升激励

晋升激励是以职位提升为奖励方式的一种激励手段。对企业来说，从内部提拔员工有助于留住核心员工，降低流失率；对员工来说，晋升对个人职业发展有重要意义。

晋升机制混乱，无法发挥晋升的激励作用，是很多企业实施晋升激励时常遇到的问题。在确定企业的晋升体系时，管理者要注意四个规范，包括晋升途径、晋升阶梯、晋升标准和晋升程序。

①晋升途径：指员工晋升的通道，可以根据岗位类别、业务范围来设计晋升通道，如生产制造型企业可将晋升通道分为管理通道、专业技术通道和操作技能通道，使管理人员、专业人员和操作人员都能获得晋升空间，并在该通道上实现成长发展。

②晋升阶梯：指员工晋升的具体路径，一般分为岗位内晋升、部门内晋升和跨部门晋升。岗位内晋升指同一岗位不同级别的晋升，如技术员Ⅰ级→技术员Ⅱ级；部门内晋升指同一部门垂直层级的晋升，如销售助理→销售专员；跨部门晋升指跨越部门的晋升，如人力资源专员→中级培训师。在确定晋升阶梯时要指明不同晋升通道的岗位分布情况，表4-8所示为某企业设置的纵向晋升阶梯。

表 4-8　某企业员工晋升阶梯

管理通道		技术通道		专业通道	
M01	基层主管	E01	技术员	P01	助理专员
M02	经理	E02		P02	初级专员
M03	高级经理	E03	工程师	P03	中级专员
M04	副总监	E04		P04	高级专家
M05	总经理	E05	高级工程师	P05	专案高级经理

③晋升标准：指晋升的条件，一般包括基本素质要求、岗位任职要求以及绩效考核要求等，晋升的标准需公开透明，这样才能让员工清楚自己的努力方向，确保晋升的激励作用。

④晋升程序：指晋升的流程，规范化的晋升程序是晋升机制得以有效落实的关键，常见的晋升程序如图 4-2 所示。

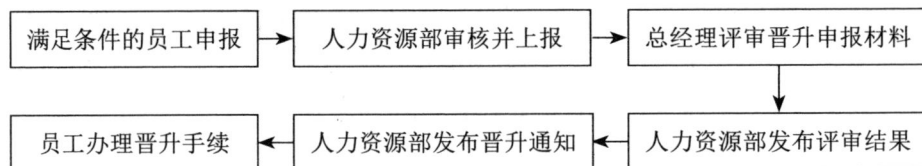

图 4-2　晋升程序

（3）正向情感激励

正向情感激励是一种非物质激励方式，通过情感激励，管理者可以把员工变为"自己人"，从而提高员工的忠诚度。正向情感激励的主要方式有以下几种。

①赞美：从业绩、能力和行为等方面称赞员工，让员工在工作上感受到成就感。

②关心：关注员工的情绪波动，了解员工的困扰，当员工在生活、工作中遇到困难时及时给予帮助。

③认同：对员工保持认同可以让员工有工作的动力和信心，认同的具

体方法有采纳员工好的意见、让员工分享工作经验、肯定员工的工作成绩以及公开表扬员工等。

④信任：对员工信任相待，员工也会用实际行动来回报，管理者可以通过授权、积极反馈和沟通交流来与员工建立信任关系。

（4）培训激励

给员工提供学习机会也能对员工起到激励作用，特别是将培训学习与员工职业发展规划结合在一起时，培训的激励效果会更好。在实施培训激励时，管理者要明确以下四点。

①应以机会公平、择优培训为原则实施培训激励，确保工作能力强、有潜力的员工能获得培训学习的机会。

②从企业需求和员工培养的角度来提供培训，考虑员工的知识水平、职业发展规划和兴趣爱好等，有针对性地组织培训，确保培训是员工和企业所需要的，避免做无用的培训激励。

③根据企业实际采取灵活的培训方式，如在岗培训、离岗培训、内部培训、外部集中培训和网络教学培训等。

④将培训结果与考核、奖励挂钩，使取得优秀培训效果的员工能获得相应的奖励，如职位晋升、授予荣誉及上调薪酬等。把接受培训效果的好坏作为绩效、晋升和加薪的依据，可以激励员工努力学习，以认真积极的态度对待培训。

（5）授权激励

授权也是一种有效的激励方法，对有能力的员工授予更高或更重要的职权，可以激发员工的进取心，让员工有成就感和参与感。授权是否得当关系到授权激励的效果，具体要注意以下三点。

①做好有效授权的准备，包括选择授权对象、把控授权时机以及明确授权要求和目标等。

②授权的同时授责，做到权责统一，使被授权的员工承担与之匹配的责任。

③有信任的授权，避免授权后仍然对员工指手画脚，授权后管理者应将自己的角色定位为"协助者"。

07
激励技巧：正确表扬和批评的技巧

在员工管理过程中，表扬是一种不可缺少的激励方式，除此之外，善意的批评也能激励员工积极向上。要让表扬和批评真正起到激发员工工作积极性的作用，在运用这两种激励方式时，管理者就要注意使用正确的方法和技巧。

（1）正确的表扬技巧

表扬员工不能随意化，好的表扬要因人因事因时而定，能给员工留下深刻印象。不懂如何表扬是很多管理者很少表扬员工的主要原因，比如以下表扬方式。

"张××，工作做得不错，继续努力。"

"这个月大家都完成了各自的业绩目标，做得很好。"

"李××工作优秀，值得大家学习。"

以上表扬方式并不能真正打动员工，达到期望的激励效果。在表扬员工时，管理者可以运用以下表扬公式。

> 事实 + 表扬词 + 肯定或赞美
>
> 行为 + 表扬词 + 期望或鼓励

陈述事实和行为能让员工清楚因为什么而被表扬，表达肯定和期望则可以激励员工继续努力。如要表扬某一员工工作做得好时，运用以上表扬公式，可以得到图 4-3 所示的表扬语句。

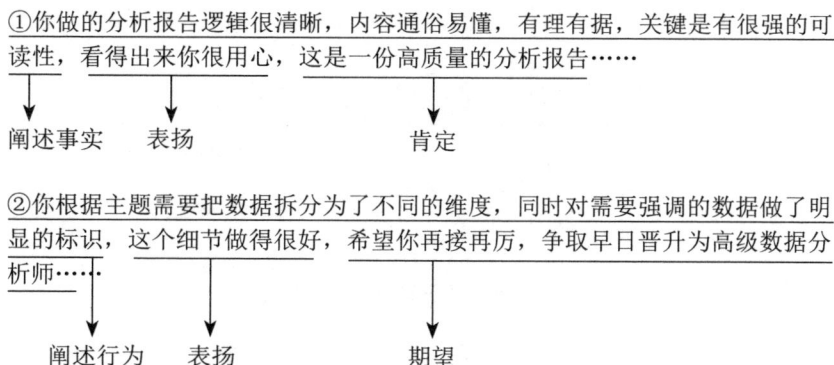

①你做的分析报告逻辑很清晰，内容通俗易懂，有理有据，关键是有很强的可读性，看得出来你很用心，这是一份高质量的分析报告……

阐述事实　　表扬　　　　　　　肯定

②你根据主题需要把数据拆分为了不同的维度，同时对需要强调的数据做了明显的标识，这个细节做得很好，希望你再接再厉，争取早日晋升为高级数据分析师……

阐述行为　　表扬　　　　　　　期望

图 4-3　表扬语句示例

表扬的内容可以是多种多样的，在表扬员工时，管理者还要注意避免不合时宜的表扬，具体要注意以下要领。

①对事不对人：公平表扬员工要注重表扬客观事实或者某项具体的行为，而不是针对某个人，对事不对人的公开表扬才能激励团队成员，不要在公开表扬某个员工时打击其他员工。

②及时传达：表扬既可以表扬个人，也可以表扬团队，不管表扬的对象是谁都要及时传达，滞后的表扬往往无法发挥激励效果。

③不要吝于称赞：既然要表扬就不要吝啬称赞，真诚的欣赏和赞许更能打动员工，让员工受到鼓舞。

④根据情形选择表扬场合：并不是所有的表扬都适合公开表扬，对于自己特别欣赏的员工或者想要重点培养的员工，可以私下进行表扬，传递自己的信任，同时也可以表达自己的期望。

（2）正确的批评技巧

员工在工作中犯了错误，作为管理者不可避免地要指出他的不足，帮助其改正。管理者可以运用以下方法和语言技巧，来让员工更容易接受批评。

◆ "三明治"批评法

批评员工要讲究一定的策略，管理者可以采用"三明治"批评法来减少员工的抵触情绪。"三明治"批评法将批评分为三个层次，如图4-4所示。

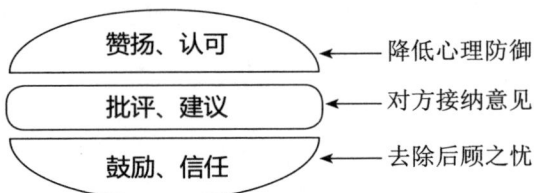

图4-4　"三明治"批评法

从图4-4中可以看出，"三明治"批评法将批评分为了赞扬→批评→鼓励三步。在批评之前先赞扬可以营造友好的氛围，减轻员工的抵触情绪，赞扬后再说出批评的内容，听完批评后，员工会产生心理落差，这时管理者可以表达鼓励或信任，让员工有信心改正并提高，如以下批评语句。

> 你的分析报告有恰当的图表，能够生动、直观地呈现数据内容，但是在报告中没有注明数据来源，特殊指标也没有做出解释，这会增加受众解读的难度。如果你能在这些细节上做得更好的话，你的报告会更优秀，相信经过此次的改进，你以后的分析报告会更规范、专业。

在运用"三明治"批评法时要注意，在批评员工时态度应友善，不要发泄自己的情绪，要让员工感受到这是在帮助他，而不是责怪。

◆ 避免人身攻击

批评员工应对事不对人，将批评的内容聚焦在具体的行为和事情上，不要对员工进行人身攻击，如骂员工"没脑子""你真笨""这么简单的事你都做不好"。这样的批评会伤害员工的自尊心，也会让员工产生不满，有的员工还可能因此而离职。

另外，在批评员工时要避免借题发挥，如不单针对此次的行为进行严厉批评，还重提员工以前的错误，这样的批评容易引起员工的对抗情绪，让员工觉得管理者就是来问责的。对于下属犯过的错误，管理者只需批评一次即可，若反复提及不仅不能起到好的作用，还会让员工感到不愉快。

◆ 做到心平气和

不要将个人情绪带到批评中，如果我们心平气和地与员工沟通，员工也会采取同样的态度来接受批评。一个成熟的管理者在批评教育员工时，不会很大声地指责员工，把话说得很难听，而是帮助员工找原因，然后给建议，让员工心甘情愿地接受自己的不足并进行改进。

08
正确运用考核激励的"指挥棒"

绩效考核是很多企业都在使用的一项激励措施。合理的绩效考核制度不仅能激发员工的工作热情，还能促进企业实现战略目标。绩效考核激励的具体流程，如图 4-5 所示。

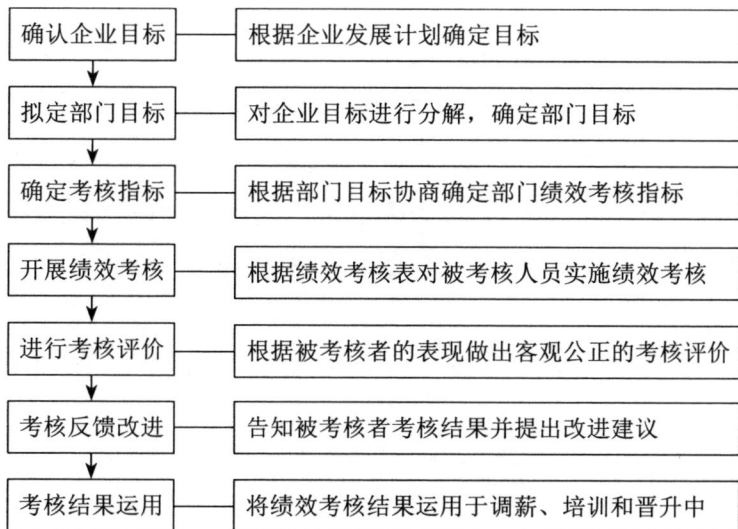

确认企业目标	根据企业发展计划确定目标
拟定部门目标	对企业目标进行分解，确定部门目标
确定考核指标	根据部门目标协商确定部门绩效考核指标
开展绩效考核	根据绩效考核表对被考核人员实施绩效考核
进行考核评价	根据被考核者的表现做出客观公正的考核评价
考核反馈改进	告知被考核者考核结果并提出改进建议
考核结果运用	将绩效考核结果运用于调薪、培训和晋升中

图 4-5　绩效考核激励流程

在实施绩效考核激励时，不同的企业采用的考核方法会有所不同，主流的考核方法包括 KPI 考核法、360 度评价法和 BSC 平衡计分卡等。

① KPI 考核法：又被称为关键绩效指标考核法，KPI 会从影响组织或个人绩效目标的驱动因素中来选取关键绩效指标，如影响组织经营目标的重要驱动因素有企业利润、售后服务水平和产品质量等。其中最为关键的因素是企业利润，那么就可以围绕企业利润来选取关键绩效指标，如利润增长率、产品市场占有率等。

② 360 度评价法：360 度评价法打破了只由上级评价下级的考核模式，使被考核者可以从多主体处获得反馈评价，包括上级、同级、本人以及客户。

③ BSC（平衡计分卡）：平衡计分卡将考核分为四个维度，分别为财务、内部运营、客户、学习与成长。财务层面的常用指标有利润率、销售额和回款率等，主要反映企业的经营结果；内部运营的常用指标有工作目标按计划完成率、财务报表出错率等，主要反映内部流程是否出色；客户层面的常用指标有客户满意度、客户投诉率等，主要体现与客户相关的目标；学习与成长层面的常用指标有个人培训参加率、人才开发目标等，主要体现组织学习和改进的能力。

管理者可以以上述考评方法为基础，结合企业实际情况实施有差别的绩效考核方案，如在确定 KPI 的过程中结合 BSC 考核法来使用。绩效考核表的设计是否科学合理，在很大程度上会影响考核的激励效果，如针对销售部门设计了研发费用率、产品报损率和产品质量合格率等绩效指标，这就是不合理的，这样的指标与岗位要求不相符，无法反映员工的工作效率以及工作能力。

绩效考核表要根据部门目标、岗位类型和职责来设计，并对不同的指标进行权重倾斜，以体现关键目标和行为，表 4-9 所示为某企业人事专员绩效考核评分表。

表 4-9 某企业人事专员绩效考核评分表

姓　　名			职位		考核时间		
考核项目	考核要素	目标	权重	考核标准		自评分	上级评分
工作业绩（80%）	招聘计划达成率	≥70%	20	①≥70%得15分 ②68%～69.9%得13分 ③66%～67.9%得11分 ④64%～65.9%得9分 ⑤63.9%以下得6分（58%以下不得分）			
	平均招聘周期	≤25天	12	①≤25天，得15分 ②26～29天，得8分 ③30天以上3分			
	招聘适岗率	≥80%	4	≥80%得5分，否则0分			
	员工流失率	≤7%	4	≤7%得3分，否则0分			
	人事档案管理	档案没有缺漏	10	①档案无缺漏，1个工作日内更新完成得10分 ②超过1个工作日更新扣5分，缺漏扣3分			
	新员工培训计划达成率	新员工一周内培训	15	①新员工一周内培训得15分 ②两周内得10分 ③一个月内得5分，超过一个月不得分			
	员工考勤异常处理及时性	当天异常当天处理	15	①1个工作日内处理完成得15分 ②超过1个工作日扣5分，无处理得0分			
工作能力（10%）	执行力		5	对本职或临时安排的任务能按时按要求完成			
	沟通协作能力		5	沟通协作能力			

考核项目	考核要素	目标	权重	考核标准	自评分	上级评分
工作态度（10%）	团队协作能力		5	不仅能完成自己的任务还能积极协助部门其他同事		
	工作态度		5	每月无早退迟到等现象		
考核评分						
未完成目标说明						
改进计划						
被考评人			考评人			

要使考核真正起到提高员工工作积极性的作用，还要将考核与薪酬、晋升、培训和福利等激励手段结合在一起，如将考核评分结果和浮动工资结合在一起，见表4-10。

表4-10　月度浮动工资发放标准

KPI 得分	80 ~ 100分	70 ~ 79分	60 ~ 69分	59分以下
浮动工资发放比例	100%	75%	60%	30%
以岗位工资的80%作为浮动工资计算基数				

09
依据下属真实需求，实施不同的激励手段

在实施激励管理的过程中，管理者会发现部分员工对于企业的激励会有漠不关心、毫无兴趣的表现。为什么员工会对激励政策无动于衷呢？事实上，同一种激励手段对于不同需求的下属，起到的作用是不同的。一般来说，初入职场的新人员工更希望得到认同，表扬激励能给他们带来积极

的影响；转正后的员工往往更看重薪酬，因此薪酬激励对他们会更有效；资深员工更渴望晋升，晋升激励会起到非常明显的激励效果。

那么管理者要如何激励不同的员工呢？这要求管理者了解员工的实际需求，并配合合理的措施来激励员工。根据马斯洛需求层次理论，人们的需求主要由五个层次构成，如图 4-6 所示。

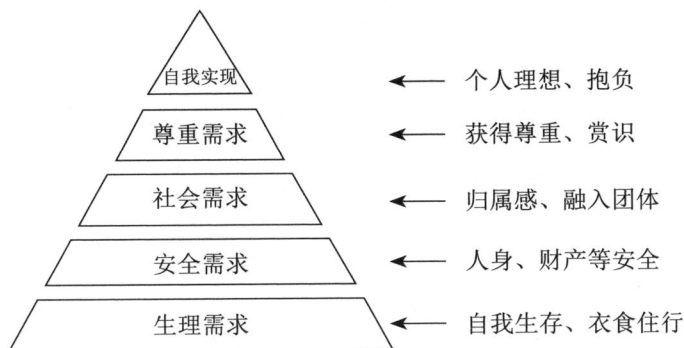

图 4-6　马斯洛需求层次理论

从图 4-6 中可以看出，人们的需求分为了生理需求、安全需求、社会需求、尊重需求以及自我实现五个层次，根据这些需求，管理者可以从制度、待遇和工作环境等方面出发来提高员工满意度，同时激励员工积极工作。

生理需求作为第一层级的需求，是员工对工作最基本的要求，因此对于普通员工来说，企业首先可以用薪酬、奖励来激励他们，在保障员工基本生理需求的基础上，再考虑其他激励方式。

安全需求是第二层级的需求，企业可以通过营造良好的工作环境来满足员工的安全需要，如为从事生产操作的员工配备口罩，对从事高危工作的员工购买保险等。

社会需求指归属感，在工作中，人们更愿意和志同道合的人一起工作，如果某一员工无法融入团队，与其他同事格格不入，久而久之这位员工也会选择离职。面对员工的社会需求，管理者可以通过组织团建、联谊和运动会等活动，来联络员工的感情，使员工之间能够了解彼此，进行情感交流。

尊重属于较高层次的需求，优秀的管理者常常会用尊重来赢得下属信任。尊重的激励措施有与员工平等交流、保证员工的正当权益、听取员工的合理诉求以及关怀员工等。

自我实现是最高层次的需求，当员工在工作上取得一定成就后，他们会对个人成长有很高的要求，渴望实现自己的理想、抱负。面对该层次需求的员工，管理者可以通过以下激励方式来满足员工自我实现的需求。

①建立公平合理的晋升管理制度，使员工能得到升迁和发展的机会。

②给有特长、有能力的员工有挑战性的工作任务。

③运用机会激励，驱动团队成员获得职业发展，比如升迁机会、培训机会以及外派机会等。

④重视人才的培育，建立人才培养计划，加速员工成长。

需要注意的是，以上五个需求并不是按顺序依次出现的，它们可以共同存在，只不过员工在不同的工作阶段，对这五个需求的迫切性和渴望度有所不同。关键是找准员工最为迫切的需求，然后再运用合适的激励手段让员工有实现这一需求的可能，这样才能形成真正的激励。

第5章

角色转变的两个进阶：
决策与授权

决策与授权是管理工作中两个关键环节，也是管理者必须具备的两项基本能力。在决策上，管理者决定采取何种方案、协作方式，都会影响着组织的行动方向。在授权上，管理者要进行人、岗、事的协调，授权决定了团队内部是否有明确的分工。

利用思考系统做决策前的分析和判断

决策意味着选择，而选择是否正确与分析判断的准确性有关。在做决策前，管理者可以利用 KT 决策法来帮助自己做好分析和判断。KT 决策法是一种决策思考系统，它提出了开展有效决策需要考虑的三个部分。

①对要达成的任务目标认识的程度。

②对备选手段、措施或办法进行评估的质量。

③对采用其他手段、措施或办法可能出现的后果的了解程度。

根据 KT 决策法，管理者可以按照以下步骤来进行决策分析，从而优化决策结果。

（1）分析问题

决策分析的第一步是分析问题。进行问题分析的目的在于了解需要解决的问题是什么，以及找出问题产生的原因。以企业进行厂房搬迁为例，为了满足企业业务规模增长的需要，降低运营成本，某企业决定进行整体厂房的搬迁，将厂址从中心城区搬迁至郊区，该消息一经发布就引起了员工的不满，大部分员工提出解除劳动合同，要求企业支付经济补偿。

针对上述状况，管理者需要描述问题现象，并找出出现这一状况的可能原因，如以下分析结果。

描述问题：厂房搬迁，引起员工不满，甚至有员工"抱团"激烈对抗，引发大规模员工辞职浪潮，并且要求企业支付经济补偿。

问题产生的可能原因：

①搬迁所带来的工作场所、工作环境和劳动强度的变化，会增加员工的交通成本和时间成本。

②员工借机离职，想借此机会获得经济补偿。

③受负面谣言影响，员工认为搬迁就是"变相裁员"。

④家属不同意员工到郊区工作。

⑤没有明确企业搬迁所涉及的职工安置、薪酬等相关问题。

针对以上原因，管理者要进行诊断和验证，找出导致问题产生的真正原因。如经过管理者的分析和验证，发现①③⑤是导致问题产生的真正原因。

（2）评估状况

找到问题产生的真正原因后，管理者要评估状况，明确问题的紧急程度和处理顺序。以上述事件为例，评估后的处理顺序如下。

①谣言可能会造成更大的影响，优先处理负面谣言，避免扩大员工的反抗情绪。

②工作场所、工作环境的变化涉及职工切身利益，这一具体问题要尽快处理。

③员工薪酬、安置问题所涉及的流程较多，可以在处理其他问题时同时解决。

通过评估排序可以让管理者清楚哪些事要先做，哪些事可以后做或者同时进行。

（3）决策分析

决策的阶段也是解决问题，拿出方案的阶段，在该阶段。管理者要按以下步骤来进行决策。

第一步，提出决策目标，本案例中，将管理者的目标分为四项，包括减少员工离职率、澄清相关谣言、解决交通/时间成本问题、确定员工薪酬和安置方案。

第二步，根据决策目标对目标进行重要性排序，具体可以给每个目标定一个权重，按 1 ~ 10 给分，目标的权重值可以重复，见表5-1。

表 5-1　目标权重排序示例

目　标	权　重
澄清相关谣言	10
减少员工离职率	9
解决交通／时间成本问题	8
确定员工薪酬和安置方案	8

第三步，根据目标要求确定备选方案，以上述决策目标为例，备选方案示例见表 5-2。

表 5-2　决策备选方案示例

目　标	方　案
澄清相关谣言	方案 1. 召开企业搬迁说明会，宣导搬迁和企业发展计划 方案 2. 一对一沟通，澄清个别员工对企业存在的误解 …………
减少员工离职率	方案 1. 直属上级与不愿意随迁的员工一对一面谈 方案 2. 了解员工诉求，积极与员工协商处理 …………
解决交通／时间成本问题	方案 1. 提供员工宿舍 方案 2. 提供班车接送 方案 3. 提供交通补贴 方案 4. 调整上下班时间 …………
确定员工薪酬和安置方案	方案 1. 与员工代表协商薪酬、安置方案，并向全体员工公示 方案 2. 向不愿随迁的员工告知薪酬、安置方案的相关法律依据 …………

第四步，对备选方案进行评分，评估不同方案的成本、负面影响或潜在风险，根据评估结果选择最终方案，以解决交通／时间成本问题为例，备选方案评估示例见表 5-3。

表 5-3　备选方案评估示例

方　案	负面影响	成本大小	实现概率	评分
方案 1	增加福利费、管理成本	投入成本较大	中	8
方案 2	交通拥堵、安全隐患	投入相对较少	高	9
方案 3	并未解决时间成本问题	投入成本适中	高	6
方案 4	可能影响企业业务开展	投入成本适中	低	8

实际进行方案决策时，管理者要评估不同方案的优先级，然后优先锁定评分较高的方案。在实施该决策方案时，如果发现并不理想，那么则可以转而选择下一个分值较高的备选方案，如按照方案 2 →方案 1 →方案 4 →方案 3 的顺序来解决交通／时间成本问题。

在做方案决策时，管理者要保持危机意识，以应对可能出现的意外或风险。另外，要避免只做一个备选方案，这样会导致决策只有唯一选择。

02
头脑风暴法，四步提高决策的质量

有时候仅凭个人的力量是无法想出万全之策的，这时管理者需要依靠团队的智慧来做决策。与个体决策相比，群体决策具有以下优点。

①能够得到多样化的观点，提供更多不同的决策方案。

②群体间能够共享信息和知识，避免个人知识面的局限性。

③群体所做的决策更容易被团队成员所接受。

虽然群体决策具有诸多优点，但在决策过程中，一些好的观点，有争议的观点也容易被权威意见、盲从心理所影响，导致决策参与者不能客观地分析判断，最终使决策误入歧途，这种现象被称为"群体盲思"。

为了有效提高群体决策的质量，避免"群体盲思"现象，管理者在利用集体的力量做决策时，可以使用头脑风暴法来改善群体决策的误差，具体流程如下所示。

（1）成立头脑风暴决策小组

根据决策目标挑选参与人员，一般一个讨论小组可由 5～6 人组成，具体可包括主持人、记录员、小组成员或者外部专家。外部专家通常不容易受"群体盲思"现象的影响，因此让外部专家参与头脑风暴决策可以提高决策的客观性，同时外部专家也能为决策提供更多备选方案。但要注意，外部专家的参与人数不能过多，以 10 人小组为例，外部专家的人数控制在 1～3 人会较好。

如果参与头脑风暴决策的人数较多，管理者可将成员分为两个及以上的小组，让两个小组分别进行探讨，这样可以营造"竞争"氛围，有效减少观点"趋同"症状，最后再进行方案汇总决策。

（2）明确决策的主题

在小组会议上，主持人（管理者）要向成员介绍决策的主题。在概述主题时要具体，最好说明决策目标、背景等相关内容，如"策划提升企业形象的中秋节营销活动方案"就比"策划营销活动方案"要全面。

（3）小组成员思考并发言

介绍完主题后，可以让小组成员就主题内容进行思考和讨论。为有效激发小组成员参与思考和讨论，管理者要创造开放的氛围，让成员能够大胆地表达自己的观点，具体可以采用以下方法。

①开始讨论前向小组成员表明自己尊重群体中的不同意见。

②避免批评他人的想法，如避免对发言者说："你这个想法一点都不靠谱。"

③不随意打断他人的发言，避免冷眼相待持反对意见的发言者。

④不以职位高低来安排座次或者决定发言顺序，可以先安排成员发言，再安排领导发言。

⑤发言过程中不允许有任何形式的评论。

小组成员发言时，记录员要收集并记录下这些观点和方案，具体可以按照以下方式来呈现。

①让小组成员将观点或方案写在便签上，然后将便签按顺序统一粘贴在便签墙或白板上，如图 5-1 所示。

图 5-1 观点或方案汇总

②在白纸或白板上用思维导图的形式写下小组成员的观点或方案，如图 5-2 所示。

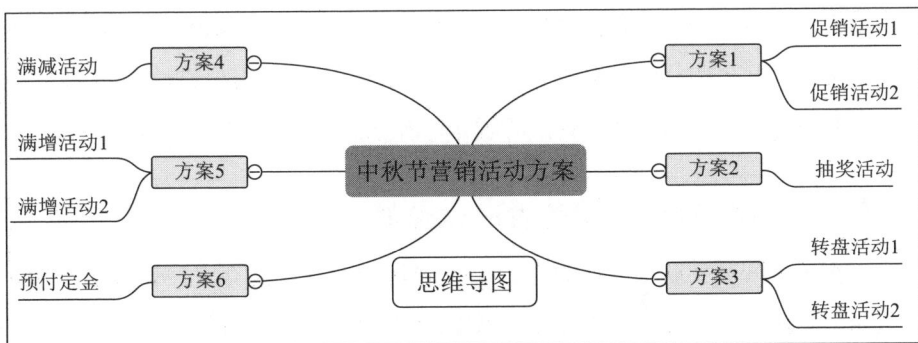

图 5-2 思维导图

③在白纸或白板上用鱼骨图的形式写下小组成员的观点或方案，如图 5-3 所示。

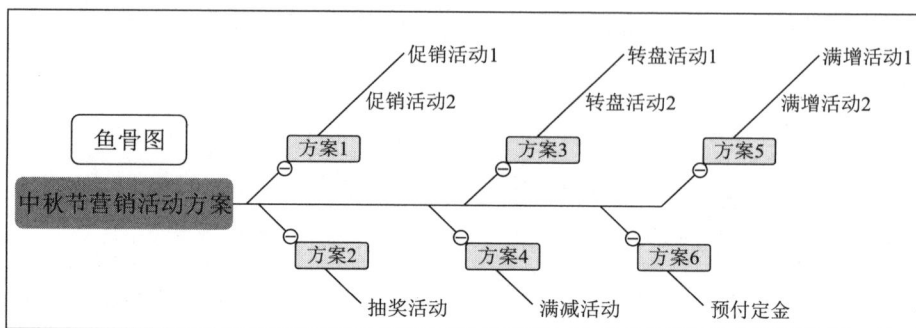

图 5-3　鱼骨图

在记录小组成员的观点或方案时，要注意简化内容，可以将每一个想法用关键词进行归纳，对于相似的观点和方案要进行综合合并。

（4）质疑并做出决策

统计归纳完所有小组成员的观点和方案后，会进入质疑讨论阶段。在该阶段，小组成员要对收集上来的观点和方案进行质疑和评价，通过质疑可以防止意见过早地因为"权威""盲目认同"而被统一，这种方法也被称为"反头脑风暴法"。

质疑、评价阶段同样需要记录，记录员要记录下所有的评价和建议，如负面影响、可行性和潜在风险等，当没有人提出可质疑的问题后，再进行评价的总结归纳。然后根据评价质疑的结果对所有的观点或方案进行删选，排除不适合的观点和方案，最后由小组成员共同决策出可行的方案。

> **拓展贴示** *提前召集小组成员进行一次会议*
>
> 在正式开展头脑风暴决策前，管理者可以召开一次会议。让成员了解头脑风暴法的具体流程、方法、规则以及需要准备的物料等，另外，也可以提前告知成员议题，以让参与人员能提前做好信息收集等准备工作。

03
有效授权的准备和四个重要原则

授权是管理者将完成某项工作的决策权授予给员工的过程。当管理者授权给员工后，员工可以获得一定的工作自主权和行动权，但相应的也要承担一定的职责。充分准备是有效授权的前提，管理者在进行授权之前要做好以下准备工作。

（1）明确可授权的工作

在开始授权前，管理者要进行工作任务的划分，将工作任务分为必须授权的任务、应该授权的任务、可以授权的任务和不能授权的任务。

①必须授权的任务：主要指不应由管理者亲力亲为的工作，如因为没有找到合适的授权对象而留在自己手中的工作、过去作为骨干员工时习惯去做的工作。

②应该授权的任务：自己做起来很轻松，但下属也能够胜任的常规工作任务。将此类工作授权给下属，可以减轻自身的工作负担。

③可以授权的任务：对下属来说有一定挑战性和难度，但提供辅导后下属也能够完成的工作。授权这类工作任务可以激发员工的工作热情，让员工有"成就感"。

④不能授权的任务：管理者必须亲自把关、其他人无法胜任的工作，如果将这些工作授权给下属，一旦工作出错就可能给企业或部门带来较为严重的影响。

根据工作任务的类型，管理者可授权的工作任务具有表5-4所示的特征。

表 5-4　可授权工作任务特征

分　类	工作任务特征
必须授权的工作	1. 授权给员工后潜在风险较低的工作任务，即使未做好对公司或部门的影响也较小，如整理文档资料、接待来访客户等 2. 标准化、流程化以及重复性较高的工作任务，如报销费用、提交表单审批和合同归档等
应该授权的工作	1. 下属可以做好的工作任务，如行政部的李××有一定的活动组织经验，于是行政部经理将年会策划的工作授权给他去做 2. 下属有这方面的能力或特长，可以做得更好的工作，如张××性格主动果敢，很善于谈判，于是销售部经理将大客户合作谈判的工作任务授权给他去做
可以授权的工作	1. 可以培养下属能力的工作，如安排培训本是人力资源部经理的工作，该管理者将这一工作任务授权给人事专员罗××去做，以锻炼、提升罗××的人事管理能力 2. 对细节有要求的工作，如信息搜集、资料统计和内容检查等工作 3. 员工没有尝试过，但具备完成任务所需技能的工作任务，如李××没有做过数据分析工作，但他懂得指标管理、数理统计

（2）明确授权要求和目标

对于可授权的工作任务，管理者要在授权前明确授权的要求和目标，具体要能确定以下四点。

①是否有评价授权任务质量好坏的标准。

②是否对授权任务有预期基本目标要求。

③是否对授权任务所具备的技能有要求。

④是否设定了工作任务执行的权限。

（3）明确接受授权的人

明确了授权要求和目标后，管理者要结合这些要求来选择授权的接受人。在选择授权对象时，管理者要考虑员工的个人能力和发展需求，以确保授权工作能发挥员工长处，促进员工成长。一般来说，具有图 5-4 所示特质的员工更适合被授权。

能主动承担的人	能主动承担职责的员工更具有责任感，同时也更值得信赖。当管理者将职权授予此类员工后，他们会尽自己最大的努力完成每一项任务，而不会在执行授权任务时找各种理由推诿。

在日常工作中，管理者有时会随机询问下属工作细节和进度，如果下属能够快速清楚地回答，那么这样的下属也是适合被授权的人，他们能够很好地管理自己的工作。	清楚工作细节的人

清楚职权范围的人	授权是有职权范围限制的，如果被授权的员工不清楚自己的职权，那么就可能出现越级汇报、越级指挥等现象。若员工在日常工作中能够做到清楚自身职权，不越级处理超过自身权限的事，那么这样的员工可以被授权。

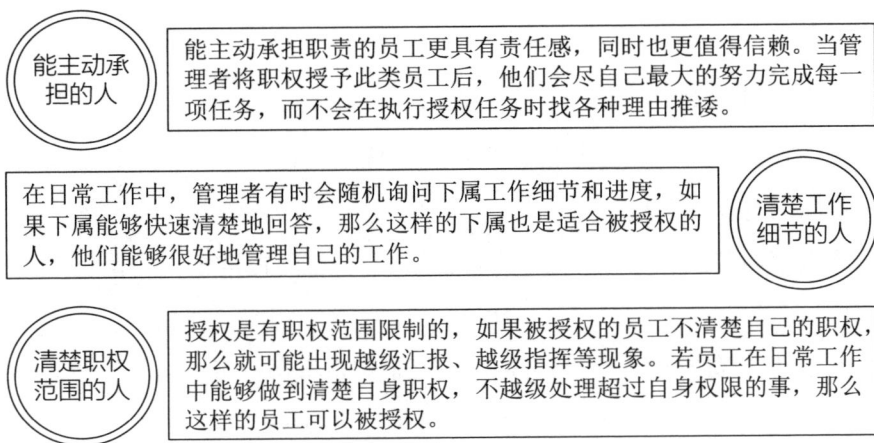

图 5-4 适合被授权的员工特质

在授权的过程中，管理者既要分派任务，也要授予权利，在具体实施授权时要遵循以下四大原则。

①授而有度：指授权要与员工的能力和职位相匹配，避免将过重的权利授予能力不强的员工，或者权利过轻导致员工解决不了实质问题。

②授而有责：指授权要以责任为前提，授权时要让员工清楚自己要负什么样的责任以及权限范围，做到权责匹配。

③授而有控：指授权的同时也不能让自己丧失管理地位，应对接受授权的员工进行必要的指导监督，做到有放有收。

④授而有信：指要将信任同时授予员工，避免授而不放，干预员工的日常行动。在授权时要用人不疑，充分信任员工才能让被授权员工能够尽职尽责、放心地工作。

04
管理者要避开的三个授权陷阱

在进行授权时，管理者还要注意一些常见的授权陷阱，这些授权陷阱可能会影响授权的成效。

（1）反向授权

反向授权指下属将自己所应承担的责任反向推给上级。导致反向授权的主要原因有以下三点。

①授权后管理者事必躬亲，因为不放心下属而直接承担了本该下属负责的授权任务。

②下属"踢皮球"，因为害怕担责而把职责推诿给了上级，除此之外，下属能力欠缺也可能导致在请教上级时把授权任务直接交给上级完成的情况。

③受组织内部流程制度的影响，下属在执行授权任务时，可能会因为流程复杂，请示环节过多而导致反授权现象的出现。

反向授权现象常常导致下属在执行授权任务时会请示上级，或者给上级出难题，在无形中增加了管理者的工作量。另外，还可能造成团队内部推诿、扯皮，影响工作进展。要有效避免下属反向授权，管理者在进行管理和授权时要注意以下几点。

①授权时充分考虑下属的能力，做到量才而用，明确告知下属所授予的职责和权力，授权后给予下属足够的信任。

②改进企业内部流程制度，将一些阻碍高效办公的环节删除、优化，使员工能够提高执行效率。

③在听取员工汇报授权任务进度时多用反问句来防止反授权，如你还有其他方案吗？你认为做得怎么样？用问句来鼓励员工自己去思考，找到解决方案。

（2）越级授权

越级授权具体可分为三种情况，一是管理者给下属授予了间接上级所拥有的职权；二是管理者将自己的职权授予给了下级的下级；三是管理者代替下级将下级的职权授予给了他的下级。越级授权很容易导致工作秩序混乱，同时也会破坏上下级关系。

管理者的授权应逐级进行，不能代替自己的上级或下属将职权授予给他人。防止越级授权的有效方法是只向自己的直接下属授予自己职权范围内的工作任务和权力，避免不属于授予下级和不属于个人权利范围内的工作任务。

（3）重复授权

重复授权指将同一个任务和职权授予了多人。重复授权容易带来团队内部的不良竞争，当多个员工同时执行一项授权任务时，也会容易导致部门工作混乱，造成资源浪费。

为有效避免重复授权，管理者在授权时要明确授权任务的负责人，不要把同样的任务交给不同的员工。另外，管理者也可以罗列授权清单，明确要将哪些职权授予哪些员工，以避免因为遗忘、口头授权语意不明等原因而导致重复授权。

05
授权的方法，让员工清楚任务要点

授权意味着权利和责任的分配，在工作中，管理者可以按照图 5-5 所示的流程来完成授权。

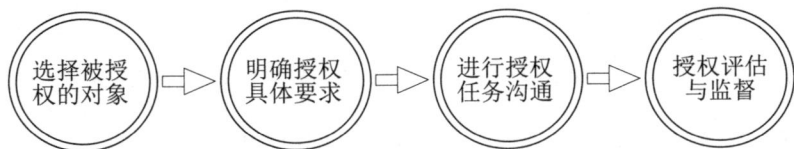

选择被授权的对象 ⇒ 明确授权具体要求 ⇒ 进行授权任务沟通 ⇒ 授权评估与监督

图 5-5　授权流程

被授权者是否明确自己要承担的责任和义务是有效授权的关键，在实际进行授权时，常用的授权方法有以下两种。

◆ 指令型授权

指令型授权是以命令方式来授权的方法，如告知下属"在后台把 App 交互数据下载下来，做成可视化报表""你去把客户资料打印出来，一一电话跟进签单进度。"指令型授权比较适合较为紧急的工作任务以及经验技能掌握程度较低的员工，在授权时一般会明确告知下属该做什么以及怎么做，以让下属能尽快执行。指令型授权给予下属的决策空间较少，在工作中管理者要尽可能地少用这种授权方式。

◆ 责任型授权

责任型授权是以结果为导向的一种授权方法，在授权时留给下属的决策空间会较大，具体在传达授权任务时要向下属告知以下四个要素。

①任务目标。要让被授权的员工明确任务目标，包括预期成果、验收标准等。授权时可以采用委托、征询的沟通方式，让下属能够参与目标制订，如"公司要求这个月业绩做到 20 万元，你觉得可以完成吗？"然后把完成授权任务方法、途径的决策权交给下属等。

②权利结构。即被授权员工拥有哪些资源的调配权利，如人力资源、物力资源、信息资源、技术资源和财力资源等。被授权员工在调配资源的过程中，可能会遇到需要其他部门、人员协调配合的情况，这时管理者应下达授权通告，让协调配合者明确需要他们配合的事项。

③责任要求。要让被授权员工清楚他要承担哪些责任和义务，如业绩、定期汇报、落实计划及平台运营等。

④奖惩结果。告知被授权员工授权任务考核的奖惩依据以及具体措施，如达成目标奖励 200 元，项目正式验收通过后可获得个人应得部分 30% 的业绩奖励。

与指令型授权相比，责任型授权要考量的要素会更多，但被授权员工可以获得更多的决策权，也更能激发员工的创造性和积极性。不管是采用指令型授权还是责任型授权，管理者在授权时还应遵循动态原则，即根据企业可提供的条件以及任务目标的要求来灵活授权，如以下几种授权情况。

①基本授权：授予员工企业内部管理的基本职权，如人事权限（任免、调岗等）、财务权限（费用支借、报销等）、绩效考核权限（考评、建议等）等。

②单项授权：对某一项目进行的授权，项目完成后管理者随即收回职权。

③定时授权：根据时间期限来进行授权，到期管理者收回职权。

④特别授权：根据具体事务处理的需要来授权，此类事务一般具有一定的特殊性，管理者可以根据完成事务所需的条件来授予员工超出基本职权外的特殊权利，当特别授权相关事务处理完成后，职权即行收回。如员工代表公司与某企业签署相关文件，此时该员工需要获得签订合同、使用公章等权利，这种情况下就需要对该员工进行特别授权。必要时，公司还需要出具授权委托书，图 5-6 所示为授权委托书范本。

授权委托书

委托单位：_____

法定代表人：_____

职务：_____

受委托人：_____

身份证号码：_____

性别：_____

工作单位：_____

职务：_____

兹委托_____代理我方，与_____依法签订_____合同。

授予代理权如下：

1.代理我方进行合同谈判，商定合同内容，作为我方代理人在合同上签字。

2._____

3._____

4.本委托书有效期限至_____止。

委托单位（盖章）：

法定代表人：

图 5-6　授权委托书

06
反馈控制：检查授权后的工作成效

授权后管理者还应对员工进行合理的控制，以避免出现不良局面。对员工的工作进行检查是授权控制的有效方法，在进行工作检查时，管理者可以运用前面介绍的抽查法、汇报法以及考核法等方法，同时，还可以结合一些检查技巧来提高检查的效果。

（1）将跟踪检查与阶段检查结合

跟踪检查指在员工执行授权任务的过程中紧跟任务的执行情况，以实现及时纠偏。阶段检查则是根据授权任务执行的环节来实施检查，如人员招聘工作可按"上报用人计划→发布招聘信息→邀约面试→办理入职手续→正式上岗试用"的流程进行，管理者可以在每一个工作环节结束后进行结果检查，以了解被授权员工的工作成效。

将跟踪检查和阶段检查有机地结合起来，可以比较完整地了解授权任务的实施情况。在检查过程中，管理者还可以进行记录，以作备忘，表5-5所示为授权工作检查表。

表5-5　授权工作检查表

序　号	日　期	检查内容	检查记录	责任人	备　注
1					
2					
3					
4					
5					

（2）有针对性地进行检查

在进行授权工作检查前，管理者应对要检查的工作有清晰的认识，清楚检查的重点是什么、哪个环节可能存在问题，从而实现针对性检查。以采购工作为例，管理者需要重点检查的是采购工作是否按计划完成、采购的物料是否符合使用要求以及采购预算与实际开支是否存在偏差等。

管理者可以根据授权任务实施的流程、内容和要求来罗列检查的重点，如管理者授权公司前台担任行政工作，那么针对行政工作可以罗列表5-6所示的工作检查清单。

表5-6　行政工作检查清单示例

序　号	检查项目	检查重点
1	管理方面	1. 绩效管理、考勤工作的完成情况 2. 各项规章制度的审核与修订 3. 各项规章制度的执行落实进度 ……………
2	协调方面	1. 是否能协助部门经理完成日常管理事务 2. 各部门办公用品分发情况 3. 公司集体活动的组织开展情况 ……………
3	服务方面	1. 是否能对各部门提供及时有效的行政服务 2. 是否能热情主动对待来访客户 ……………
4	会议方面	1. 会务安排及时性、有效性 2. 会议记录质量高低 ……………
5	文书方面	1. 文书起草是否符合标准 2. 文件归档整理准确性 3. 文件收发及时性 ……………

（3）检查工作时要敢于评价

在对被授权员工进行工作检查时，管理者要敢于对员工的工作执行情况做出评价，如表扬或批评。表扬和批评都要实事求是，应有针对性地指出哪些地方值得表扬，哪些地方需要改进，以调动员工的积极性，引导其改进不足。

07 如何评价授权工作的成果和状况

根据被授权员工工作的执行情况，管理者可对员工做出合理的评价。在对员工进行评价时，管理者可以根据"绩效考评表"或"员工评价表"来评价员工此次的授权任务，表 5-7 所示为员工评价表范本。

表5-7　员工评价表范本

姓　　名		部　　门		职　　位	
上次评估时间					
此次评估时间段	从		到		
评估原因	□年度评估		□授权评估	□调动评估	□其他
请列出被评估者在评估期内所完成的特别工作任务					
1. 2. 3.					
员工评估分项详表					
评估等级定义如下： A. 被评估者超额完成了上级所交代的工作任务 B. 被评估者完成了上级所交代的工作任务 C. 被评估者部分没有完成上级所交代的工作任务 D. 被评估者根本没有完成上级所交代的工作任务					

员工评估内容	A	B	C	D	评 价
专业知识					
工作主动性					
工作适应性					
工作效能					
交流与沟通					
计划和组织能力					
……					
总 评 价					
被评估员工优点					
被评估员工不足					

在对员工做出评价的过程中，管理者可能会因为一些主观因素而导致陷入以下评价误区中。

◆ 晕轮效应

晕轮效应指管理者在评价员工时，会受员工某一个或几个方面局部突出特征的影响，导致评价时以点概全。如某员工有很强的口头表达能力，就认为该员工在其他方面也很优秀，于是对员工所有的评价要素都做出了较高的评价。

◆ 首因效应

首因效应又被称为第一印象误差，具体表现为评价者会对被评价员工初期的表现留下深刻的印象，从而先入为主地认为员工后期的表现也会一样。如某员工在未被授权前工作表现很出色，于是认为该员工在授权评价期间的表现也会很好，因此给了员工很高的评价，但实际上该员工在授权评价期间的工作表现并不是很好。

◆ 趋中误差

趋中误差指管理人员在对员工做出评价时往往趋向于给出中等的评价，而不愿意给出很好或者较差的评价。这样的评价方式很难让员工清楚自己做得好还是差，对于优秀员工来说，容易打击他们的积极性，对于落后员工来说，会让员工得不到良性的反馈。

◆ 对比误差

对比误差指管理者将被评价者与其他人进行比较，导致得出的评价结果受到他人成绩的影响。如将一名经验丰富、工作优异的老员工与新员工进行比较，这时很可能将表现中等的新员工评价为"较差"。

◆ 感情用事倾向

感情用事指管理者在评价时会不自觉地带入个人情感，倾向于给自己喜欢的员工或者与自己关系不错的员工做出较高的评价，对自己不喜欢的、性格不相投的员工则给予较低的评价。

◆ 宽大化倾向

宽大化倾向指管理者有时会出于不打击员工积极性、不伤及下属面子的考虑，而不愿意对员工的不良工作表现做出负面评价，使得评价往往高于被评价者的实际工作成绩。

◆ 严格化倾向

严格化倾向与宽大化倾向相反，指管理者对员工的要求过于严苛，即使员工的工作完成得很好，也不会给出较高的评价。管理者如果对整个部门员工的评价都倾向严格，那么可能会影响部门整体工作的积极性，使得部门员工得不到很好的晋升或加薪。

以上评价误区常常会导致管理者的评价不够客观公正，那么管理者要如何避免这些误区呢？具体可采用以下方法。

①在对员工进行评价时，要以工作成果为依据，不能因为员工在过去

的工作中表现好或者差就忽视员工的现状，而要考虑员工目前取得了哪些成果，根据现阶段的成果做出客观、准确的评价。

②评价时要尽量避免带入个人偏好或情感，将评价范围定位于工作领域，不要因为与员工在性格、生活上有差异而否定员工的工作成绩。

③明确员工评价的标准，包括评价的指标、目标值等，以避免主观臆断影响评价的准确性。

④正视评价的重要性和目的，不要因为害怕矛盾而做出不客观的评价。

⑤必要时结合一些绩效考评方法来避免误区，如关键事件法、目标管理法、要素评价法以及行为锚定评分法等。

08
授权工作纠偏的有效方法

在对授权工作任务进行检查的过程中，管理者会发现一些潜在的问题，针对这些问题管理者要做的就是纠偏。管理者可以按照图 5-7 所示的步骤来纠正员工存在的问题。

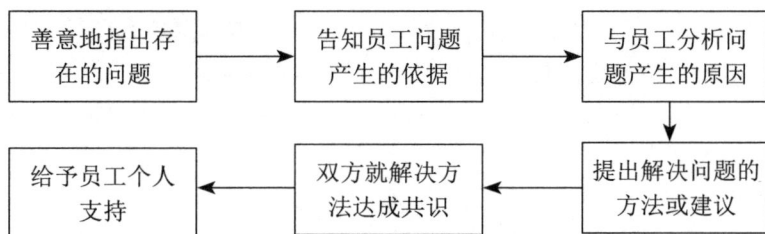

图 5-7　工作纠偏的步骤

针对员工存在的具体问题，管理者还可以采用以下方法来纠偏。

◆　分享方法

针对员工存在的问题，管理者可以将自己的成功经验和方法整理出来，分享给员工，如给员工分享策划促销活动的创意技巧，让员工能够通过使用这些方法来改善自己。

◆ 口头辅导

作为管理者，在纠偏时要避免替代员工，将员工手上的工作拿来自己完成，这样做无法起到促进员工成长的作用。比较好的做法是让员工自行进行操作，然后管理者在现场提供口头指导。当员工通过口头辅导完成工作后，管理者可以适当地给予表扬，让员工感受到自己的进步。

◆ 示范演练

当管理者对员工提出工作改善建议后，还可以通过示范演练的方式来纠偏，通过亲自示范可以让员工快速掌握正确的工作方法。如员工不懂如何进行 PPT 排版，做出来的 PPT 总是不够美观，为了让员工快速掌握 PPT 排版的技巧，管理者可以亲自演示一次 PPT 图文排版的操作方法。

拓展贴示 *避免做全面指导型的管理者*

全面指导型的管理者具有三个特点：一是频繁过问员工的工作状况；二是会对员工提供持续的反馈意见；三是专注于亲自指导并纠正员工的不足。对员工来说，如果管理者的反馈和纠偏过于频繁，也会让员工产生负担，感到压力巨大。在对员工进行纠偏指导时，管理者应重点关注员工真正需要的技能和关键行为，而不是试图纠正员工的所有问题。

第6章

从管理个人
到培养下属的挑战

　　高效的管理者除了会管理好自己，还会将培养下属作为自己的重要职责。培养下属并不是改变他们的行为，而是通过"传帮带"帮助他们实现自我成长，使员工能够主动、自发地把工作做好，实现人才和企业的共同发展。

01
如何帮助员工制定职业规划方案

职业生涯规划是员工针对自身职业所做的发展规划。对企业来说，帮助员工做好职业规划有助于提高优秀员工保留率，使企业实现人力资源的合理配置，让员工发展与企业发展保持一致。那么，管理者要如何帮助员工制定职业生涯规划呢？具体可按以下步骤进行。

（1）帮助员工认识自己

员工职业规划的第一步，帮助员工进行自我分析，了解自己在兴趣爱好、职业定位和发展期望等方面的偏好。在帮助员工进行自我分析的过程中，管理者可以利用人才素质测评、职业锚和自我评价等工具让员工做好职业发展定位。

①人才素质测评：通过潜力、胜任力、知识技能、行为风格和潜在动力等方面对员工进行评估，了解员工的能力水平、发展意愿、性格以及岗位适配度等信息。管理者可以利用测评公司提供的人才测评系统进行科学评估，部分测评工具还可按岗位来实施个性化测评。

②职业锚：又称为职业定位，主要帮助员工了解自己的职业内在动机和追求，职业锚会根据员工的工作实践、发展需要和价值观定位职业发展方向，主要可分为图6-1所示的八种类型。

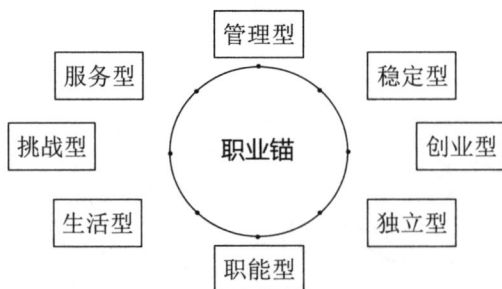

图6-1　职业锚的八种类型

③自我评价：主要帮助员工了解自己的兴趣爱好、价值观、个性特质、技术和能力等，通过对自我工作兴趣、能力等评价来明确自身的职业发展规划。

（2）让员工了解职业发展通道

要使员工的职业目标与企业的人力资源规划、发展战略规划相契合，管理者就要让员工明确企业内部的职业发展通道，保证员工能有职业发展的平台，图6-2所示为员工职业发展的常见通道。

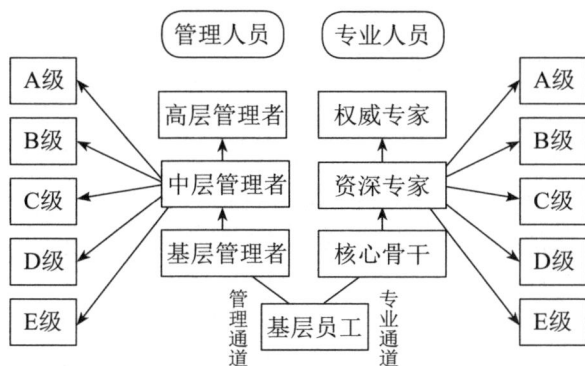

图 6-2　员工职业发展的常见通道

（3）沟通职业生涯规划

管理者可以利用员工职业生涯规划表与员工共同确定职业目标，见表6-1。

表 6-1　员工职业生涯规划表

姓名		部门		岗位	
文化程度		毕业学校		专业	
学习及培训情况					
起止时间	学习培训机构		学习培训内容		备注

目前具备的技能或能力		
技能 / 能力类型	技能 / 能力水平	取证情况 / 简要介绍技能

其他单位工作简介				
单位	部门	职务	满意的地方	不满意的地方

岗位 / 职务变化情况			
起止时间	所在部门	岗位 / 职务	就职岗位 / 职务的优势或不足

对工作的期望（请选择最重要的 3 个期望）

☐薪酬　　　　☐成为管理者　　☐弹性的工作时间　　☐稳定
☐休闲　　　　☐成为专家　　　☐挑战　　　　　　　☐创造
☐大量的培训机会　☐独立工作　　☐其他

请介绍一下自己的性格特征

请详细介绍一下自己的专长

续上表

结合自己的需要和专长，你对目前的工作是否感兴趣

请详细介绍自己希望的职业发展通道（或组合）

请详细介绍自己短期、中期、长期的职业规划设想

规划阶段	职业发展目标
本年内	
1～3年	
3～5年	
5～8年	
8年以上	

对当前工作的认识

拓展贴示 *员工职业生涯辅导的时机*

　　一般来说，管理者可以在三个时期对员工进行职业生涯辅导，分别为入职适应期、升职调整期和困惑迷茫期（职业倦怠期）。在员工入职适应期，员工可能会因为无法适应企业工作而离职，因此在该阶段，管理者有必要对员工进行职业生涯辅导，让员工更好地融入企业。在升职调整期，员工的职业目标也会发生变化，这时管理者可以通过职业生涯辅导帮助员工在组织内实现长远发展。在困惑迷茫期，员工容易出现职业倦怠，有效的职业生涯辅导可以帮助员工克服焦虑迷茫，更好地计划将来，调整状态。

慧眼识才，发现下属优势的五种方法

好的管理者是能够发现下属优势并实现人尽其才的，在团队管理中，管理者只有把人才放在合适的岗位上才能让团队做出良好的成绩。管理者想要充分了解员工的优势，还需运用合适的方法。

（1）观察法

员工的优势会体现在不同方面，管理者可以通过观察员工的言行来了解员工的优势，具体可以从以下几方面进行观察。

①操作能力：观察员工在工作时操作能力的强弱，包括操作的熟练度和技巧性、软件操作的应用能力和学习能力等。对新员工来说，操作能力会有一个由弱变强的过程，在该过程中，管理者需重点观察员工自主学习的能力，看其在操作效率提升方面是否有优势。

②工作态度和责任心：拥有良好工作态度与责任心的员工，在工作中的认真程度和努力程度都会很高，在面对困难时，会以积极进取的态度对待每一项工作，因此工作态度与责任心也会成为下属的优势。了解员工的工作态度和责任心要从日常工作的表现入手，观察员工是否有敬业乐业精神、对待工作是否有热情以及工作中是否细致严谨等。

③面对挑战的应对能力：在工作中，下属也会遇到各种挑战，当下属面对挑战时，管理者要观察下属的应对能力，包括面对挫折的情绪调整变化、是否能吸取教训、能否从挑战中总结经验等，从中管理者也可以发现下属的很多优势。

④沟通表达能力：在与员工进行日常交流的过程中，管理者可以观察员工的沟通表达能力，从表达技巧、语言语态和肢体运用上来发现员工是否具备沟通表达方面的优势。

⑤岗位要求的其他能力：根据员工的岗位特征，管理者还可以有针对性地观察员工的优势所在，如针对销售岗位，管理者可以观察员工是否有谈判、灵活应变、分析和判断等方面的优势。

（2）询问法

管理者可以通过交谈的方式了解员工对自身能力的看法，也可以询问其他员工，向这些员工了解被调查员工的优势所在。常见的询问方式有电话询问、面对面询问、邮件询问和问卷询问等。以问卷询问为例，管理者可以让每一位员工配合填写优势调研问卷，以此来让员工进行优势判断，表 6-2 所示为员工优势调研问卷模板。

表 6-2　员工优势调研问卷

姓名		部门		岗位	
员工优势调研					
Q1：你认为你的个人优势是什么					
□工作积极主动 □性格外向，与代理商及顾客沟通无障碍 □专业知识掌握较为牢固 □执行力强，有既定目标一定会努力达成 □方法灵活、反应敏捷 □技术掌握过硬 □培训能力突出 □技术操作能力突出 □销售能力突出 □工作经验丰富，能独立处理突发状况 □其他，请具体说明：					
Q2：你认为自己的才能在目前岗位中是否得以发挥					
□完全没有发挥 □有些方面没有发挥 □发挥尚好 □已充分发挥					

Q3：你认为自己的哪些优势转化到工作中做出了工作成果？请举例说明
Q4：你认为你的哪些优势还可以提升工作成果
Q5：你认为你的上级或下级有哪些优势
Q6：你在市场工作中遇到的难题或困惑有哪些
Q7：你希望公司或上级创造怎样的条件推动员工个人的发展

（3）比较法

比较法指通过观察比较的方式来发现员工的优势，在运用比较法时要重点观察相同点与不同点，具体可以进行以下表现的比较。

①前后变化：观察员工不同工作阶段的前后表现，如试用期与转正后表现，找出员工在工作上的进步以及突出的能力等。

②处理方式：比较员工在同一工作阶段对不同事件的处理方式，从中找出员工的优势，如解决问题能力、事故应急能力等。

③不同员工比较：比较不同员工面对同一业务或事件的工作表现，了解员工在情绪控制、目标管理、工作改进以及协调组织等方面是否有优势。

（4）分析法

分析法是对员工日常行为特征进行分析，从中找到员工的优势。分析时可以假定员工应具备某项优势，然后对影响该优势的特征进行分析，再找出员工是否具备相应的能力特征。以营销企划优势为例，可按图 6-3 所示的方式进行因素分析。

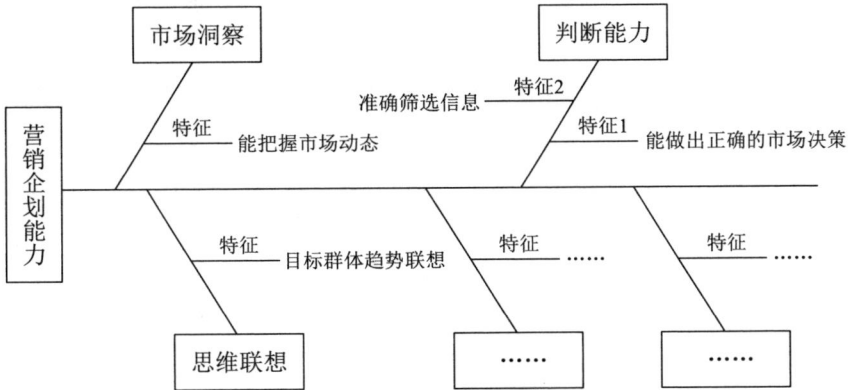

图 6-3　分析影响营销企划优势的因素

利用鱼骨图对影响营销企划优势的因素进行分析后，管理者可以对优势因素进行比较分析，看员工的哪些表现符合以上优势特征。

（5）回顾法

回顾法是通过回顾员工以往的工作表现来找出员工的优势，如回顾员工近一年来的工作表现，梳理出员工做得好与做得差的地方，从中找出员工的优势。管理者可以结合"员工工作表现记录表""考核表"和"业绩表"来回顾员工的工作情况，然后梳理在"员工优劣势分析表"中，见表 6-3。

表 6-3　员工优劣势分析表

优劣势	行为表现	整体描述	备 注
优势			
劣势			

新员工培养攻略：巧妙运用"师徒制"

"师徒制"是新员工培养的常用方法，相比集体培训，"师徒制"具有以下几点优势。

①可以有效避免"纸上谈兵"式的培训辅导，能帮助新员工快速掌握工作技能。

②"师傅"可以对新员工的工作进行有效引导和监督，避免新员工出现比较严重的失误。

③通过"传帮带"可以让员工更快地融入团队，适应企业文化，推动新员工成长。

④"师徒制"可以使师傅和徒弟之间关系更为紧密，在团队中形成隐形的纽带，强化新员工的归属感。

管理者在运用"师徒制"培养新员工的过程中，需要做好以下工作。

（1）明确师傅人选

首先，管理者要明确哪些人可以做师傅，一般来说，管理者自身、优秀员工和资深老员工都可以作为师傅人选。管理者可以根据新员工需要掌握的技能来确定师傅的选取标准，如新员工需要掌握设备操作技能，那么就选择擅长操作设备的员工来承担师傅的角色，那些在其他方面擅长但操作并不熟练的员工就不适合做师傅。如下所示为某企业"师徒制管理规定"中关于师徒资格认定的内容。

师傅任职资格：

①原则上新入职员工由其上一级直接领导作为师傅的第一人选。

②入职一年以上的老员工（含总监），连续两个月绩效考核得分90分

（含90分）以上者。

③全面掌握岗位技能，工作态度端正，认可公司文化，职业道德良好，有较强的沟通能力。

徒弟资格：每月入职的新员工。

在明确了师傅的选取标准后，管理者可以指定师傅候选人。另外，也可以采取自荐的方式，让愿意担任师傅员工主动报名，然后再确定最终的师傅人选。以员工自荐为例，管理可以按照如下所示的流程选拔师傅。

①满足师傅资格的员工自荐报名。

②管理者或人力资源部审核候选师傅条件。

③对满足条件的候选师傅进行沟通交流，了解其个人能力，对公司文化的认可度。

④告知候选人师傅的职责要求、考核标准和权力等，必要时可建立师傅培训考核制度，以培训考核结果来确定师傅的最终人选，如培训考核合格者可成为师傅。

⑤确定最终师傅人选，并明确新员工与优秀员工之间的师徒关系。

（2）明确师徒的职责

师傅和徒弟都应有明确的职责要求，对师傅来说，其职责要求一般有以下几点。

①帮助新员工掌握工作所需知识、技能。

②帮助新员工了解企业规章制度、岗位要求以及企业文化等。

③帮助新员工解决工作中遇到的问题，辅导其完成"新员工考核"。

④关注新员工试岗状况，主动与新员工沟通，创建和谐师徒关系。

对师傅赋予职责的同时，管理者也应给予师傅一定的权力。一般来说要给予师傅评价（新员工绩效评估权）、建议（转正、调岗建议权）以及放弃（试用期淘汰权）等权力。对徒弟而言，管理者应明确其职责。

①遵守企业规章制度，树立虚心学习的工作态度，认真对待本岗位工作。

②服从师傅在工作上的安排，主动向师傅请教工作中遇到的问题。

③按照岗位规范要求执行工作，将学到的知识、技能运用在工作中。

④其他与本岗位有关的岗位工作要求。

在"传帮带"的过程中，徒弟也应有一定的权力，一般包括反馈权（向上级反馈师傅的违规行为）、评价权（对师傅做出评价）和放弃权（申请更换师傅）。

（3）明确师徒奖惩机制

为了提高优秀员工主动带徒的积极性，同时也促进新员工认真学习技能，管理者应建立师徒奖惩机制。师徒奖惩机制应以正面激励为主，如在徒弟考核期间内，给予师傅津贴奖励；根据带徒能力对师傅进行评级，给予师傅奖金奖励，表6-4所示为某企业师徒制奖励标准。

表6-4　师徒制奖励标准

考核维度	新员工考核得分	新员工考评结果	师傅奖励津贴
业绩与素质考核	≥ 95 分	优秀	500 元
	85（含）～ 95 分	良好	300 元
业绩与素质考核	75（含）～ 85 分	合格	150 元
	60（含）～ 75 分	一般	0 元
	< 60 分	不合格	0 元
备注：除上述奖励津贴外，培养徒弟人数及质量将作为晋升考核、加薪的依据之一； 　　　每季度根据带徒质量进行评级，优秀师傅可享受额外一次性奖金奖励； 　　　带徒期间徒弟出现重大过失或违纪行为，师傅应承担连带责任			

（4）明确师徒关系的退出机制

所谓退出机制就是解除师徒关系的标准，管理者要明确徒弟出师的条件和什么情况下可以取消师傅的带徒资格。如下所示为某企业"师徒制"

的出师及取消带徒资格的标准。

徒弟出师标准：

培养期结束后，新员工考核在85分以上可以出师并转正。

培养期内，表现优异者可申请提前转正并出师。

师傅淘汰机制：

培养期内，师傅严重违规违纪或不履行自身职责，取消带徒资格。

所带徒弟在培养期内连续两次出现重大失误或违纪，取消带徒资格。

拓展贴示 *师傅的带徒数量要合理*

为确保在实施"师徒制"的过程中，新员工能得到很好的培养和成长，管理者要合理化师傅的带徒数量。一般来说，在一个培养期内，一个师傅带 1 ~ 3 名徒弟即可，若徒弟数量过多，不仅会分散师傅的精力，还可能影响"师徒制"的培养效果。

04
如何把普通员工培养成得力干将

大多数团队管理者都希望能把每一位员工培养为得力干将，但事实上，人才培养并不是一件容易的事，也不是所有员工都有成为得力干将的潜力，在培养"干将"员工前，管理者首先需要挑选出适合被培养的员工。根据能力意愿模型，管理者可以将自己的下属分为以下四类，如图 6-4 所示。

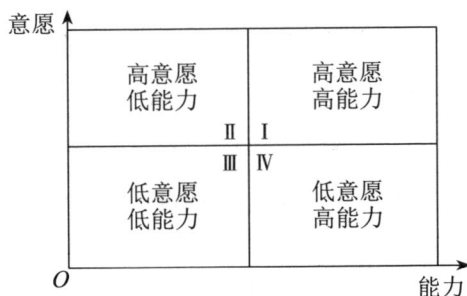

图 6-4　能力意愿模型

从图 6-4 中可以看出，位于第一象限的是高意愿、高能力员工；第二象限是高意愿、低能力员工；第三象限是低意愿、低能力员工；第四象限是低意愿、高能力员工。

在这四个象限中，最适合被培养为得力干将的是第一象限的员工，这类员工有着很大的成长意愿，同时也有工作胜任能力，具备成为得力干将的潜力。

低意愿、高能力的员工虽然有工作能力，但成长意愿较低，在培养过程中容易因为不愿意学习而无法实现突破。对于高意愿、低能力的员工来说，容易因为员工自身能力不足而给管理者增加培养的难度和工作量。低意愿、低能力的员工则不具备培养为得力干将的条件。

明确了最适合被培养为干将的员工后，管理者还要判断哪些员工位于第一象限。一般来说，第一象限的员工具有如下所示的一些特点。

高意愿员工特点如下：

①乐于学习，愿意接受上级的指导和建议。

②面对不足和错误，能够主动反思并积极改进。

③愿意尝试新方法、新思路，有好奇心和探索精神。

④工作的目的不仅仅在于报酬，有明确的职业规划，希望在工作中获得晋升和成长。

高能力员工特点如下：

①关注目标，具有高效的执行力，在完成本职工作的同时还能完成预期之外的工作。

②企业绩效考核中评分相较其他员工要高。

③工作效率高，有着自己独特的工作方法，能够在工作中以高标准要求自己。

④善于进行时间和情绪管理，遇到问题时能够找到合适的方法解决，并且能够总结经验教训。

找到适合被培养为干将的员工后，管理者可以集中精力对此类员工进行重点培养，具体可从以下几方面来入手。

◆ 教练式辅导

管理者可以以教练或辅导员的身份来培养员工，适当授权，给予员工成长的机会，及时指出员工的错误，并向员工分享自己的成功经验。尽量避免"上手式"辅导，应让员工有动手学习的机会。

◆ 开展专业培训

有干将潜力的员工往往很需要专业知识和技能，管理者可以给此类员工提供专业知识和技能培训，必要情况下，可以让员工到专业的人才培养机构接受培训。

◆ 留意员工的短板

在培养干将员工的过程中，管理者要用20%的精力来留意员工的短板，用80%的精力来培养员工的基础岗位工作能力和素质。基础工作能力是普通员工成为干将员工不可或缺的素质，而短板则会影响员工成长的空间。因此，管理者在抓员工基础工作能力的同时还要留意员工存在哪些短板，并对这些短板提出指导意见。

◆ 给予内外资源

实际工作中，一些普通员工在遇到一些自己无法解决的问题时，常常会采用逃避的态度。对于有干将潜力的员工，管理者要鼓励他们在遇到问题时积极寻求资源和帮助，避免他们养成找借口、逃避的不良习惯，同时主动给予员工所需要的内外资源。

◆ 利用团队的力量

管理者可以利用团队来点燃干将的内在驱动力，如在团队内部实施人才激励，通过培训、轮岗等措施建立员工成长通道；建立团队梯度培养机制，让团队内部形成人才培养的竞争氛围，激励干将努力成为企业的中坚力量。

05
针对员工层级建立培训辅导体系

企业的人才建设离不开培训辅导，但并不是所有的培训辅导成果都是令人满意的。在企业培训中，很多管理者会存在这样的错误意识，即认为所有的培训辅导都是有用的，因此采取了"一刀切"式的培训策略，让所有员工参与企业的所有培训，结果却看不到培训效果。

在企业中，员工可以分为不同的层级，包括新员工、老员工、基层管理者及骨干员工等。针对不同层级的员工，企业应采取不同的培训辅导策略，这样才能使培训辅导取得良好的效果，管理者可以按照以下步骤来建立培训辅导体系。

（1）建立不同层级的胜任力模型

针对不同层级的员工，要基于岗位来建立胜任力模型来确定培训内容。胜任力模型是根据岗位所需要的行为特征来构建的，主要由行业知识、业务洞察、人才管理、人际沟通和学习创新等内容构成。管理者可以罗列出岗位所需的行为特征，然后按层级进行胜任力匹配，见表6-5。

表6-5　胜任力模型示例

岗位层级	知识技能	责任心	执行能力	沟通能力	用人识人	……
新员工	√	√	√			
普通员工	√	√	√	√		
技术岗位	√	√	√	√		
管理岗位	√	√	√	√	√	
……						

在构建胜任力模型时需要注意，不同层级建模的侧重点应有所不同，如专业技术岗位应侧重于知识技能，而管理岗位应侧重于能力素质。

（2）设计培训辅导内容

根据胜任力模型，管理者要结合培训目标来设计培训辅导内容，如培训目标是提高新员工业务能力，那么培训就要选择能提高新员工业务技能的内容。总的来看，员工培训辅导的内容可分为四大类型。

①知识培训：主要目的是提高员工的岗位知识水平，包括业务知识、产品知识、企业文化和规章制度等内容，不同岗位具体的知识培训内容会有所不同，如财务岗位，其知识培训的内容一般有会计知识、税务知识和报销常识等。

②技能培训：主要目的是提高员工的实际操作能力，以行政岗位为例，技能培训的内容可以包括 Office 办公技能、办公自动化操作、文书管理、文件收发以及办公设备使用等。

③素质培训：主要目的是培养员工的职业意识和心态，包括责任心、主动性、学习能力、服务意识和忠诚度等。

④能力培训：主要目的是提升员工的个人能力，包括执行能力、目标管理能力、协调能力、领导能力、沟通能力、解决问题能力和人际交往能力等。

以上四类培训内容，具体选择哪类，要根据被培训者的具体情况来决定，如管理岗位一般侧重于素质和能力培训，而普通员工一般侧重于知识和技能培训。

（3）确定培训辅导周期

培训辅导的周期可长可短，如三个月、一个星期或两天等，培训时间可选在工作时间或业余时间，一般根据培训内容的紧急情况和重要程度来决定，具体可按以下原则进行确定。

①紧急程度高的培训可选择在工作中抽时间进行，如产品知识培训、业务技能培训，这类培训的紧急程度较高，需要学员尽快掌握，否则会影响业务的开展，对于此类培训就可以在工作时间内进行，如早会、周五下午、

下班前半小时或一小时等。

②对于重要程度高，但并不紧急的培训，可选择上班时间或业余时间进行，如专业技能培训、管理能力培训及职业资格培训等，这类培训重要程度高，能提高员工的专业水平。如果要在工作日进行，则要保证受训时间足够宽裕，若培训内容较多则可以选择在周末进行，部分培训可能需要脱岗进行。

③对于重要程度和紧急程度都不高的培训，如公司背景培训、使命愿景培训等，这类培训即使进行得较慢也不会影响正常工作的开展，因此可以选择在业余时间进行。

（4）选择适当的培训方法

培训的方法有很多，管理者可以根据培训的内容来选择合适的培训方法，常用的培训方法有以下几种。

①讲授法：是以口头讲解的方式来进行培训的一种方法，常用于理论性较强的培训内容，如产品知识培训。

②视听法：以视频、音频等为载体所进行的培训，如关于企业简介、规章制度的培训，可以将视听教材发给员工，让员工利用业余时间进行观看或阅读。

③模拟角色法：让受训者扮演角色，然后进行情景模拟，最后由培训者进行点评、总结，如针对销售人员开展培训，可以让两个销售人员分别扮演客户和推销员，再加以场景描述，让两位销售人员进行演练，最后由销售主管进行总结。

④小组讨论法：让学员组成一个小组，围绕一个专题或项目进行讨论，如针对管理人员开展企业管理专题讨论会，以此来提高管理人员的管理水平。

⑤案例研究法：让员工针对某一案例进行分析和研究，然后提出解决对策或总结经验教训，如让员工分析失败／成功的销售案例，再根据案例

总结经验教训。

（5）选择合适的培训讲师

培训讲师一般可由企业管理者、岗位优秀员工、行业专家或培训公司讲师担任，具体可根据培训内容来选择，如图 6-5 所示。

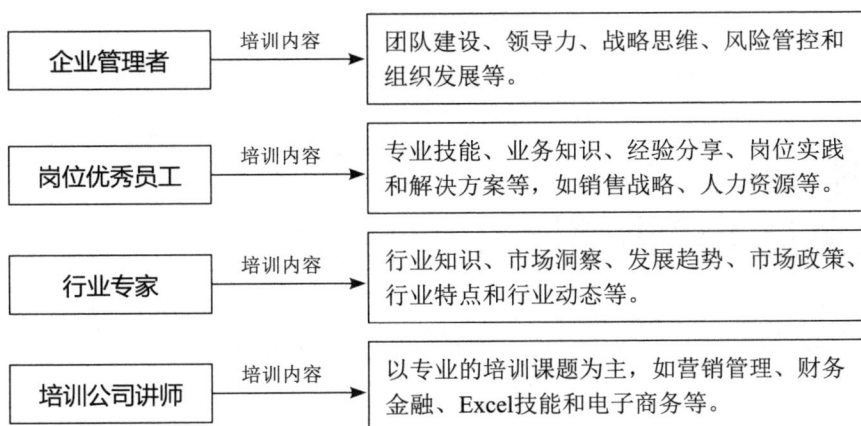

企业管理者	→ 培训内容 →	团队建设、领导力、战略思维、风险管控和组织发展等。
岗位优秀员工	→ 培训内容 →	专业技能、业务知识、经验分享、岗位实践和解决方案等，如销售战略、人力资源等。
行业专家	→ 培训内容 →	行业知识、市场洞察、发展趋势、市场政策、行业特点和行业动态等。
培训公司讲师	→ 培训内容 →	以专业的培训课题为主，如营销管理、财务金融、Excel技能和电子商务等。

图 6-5　培训讲师的选择

（6）制订培训辅导计划

做好以上工作后，管理者需要制订培训辅导计划，确定培训的具体时间、内容、地点以及讲师等，见表 6-6。

表 6-6　培训辅导计划表

培训方式	培训内容	培训对象	培训地点	培训时间	培训讲师	培训形式
内部培训	产品培训	新员工	会议室	周五下午	张 × ×	集中讲授
	执行力	管理人员	会议室	本月末	李 × ×	集中讨论
	……					

培训方式	培训内容	培训对象	培训地点	培训时间	培训讲师	培训形式
外部培训	纳税申报	财务人员	会议室	周六一天	罗××	线上授课
	App 开发	IT 人员	×校区	周六一天	刘××	线下授课
	……					

06
避免员工培训辅导的三个误区

为确保培训辅导的有效性，在开展培训辅导的过程中，管理者要注意避免以下误区。

（1）不注重员工实际培训需求

在员工培训辅导的过程中，管理者常常会忽略员工的实际需求，按照自己的想法来安排培训，结果导致培训效果不尽如人意。在培训辅导开展前，管理者可以运用以下方法来挖掘员工的培训需求。

①工作观察分析：工作中注意观察员工的短板，针对员工的短板安排培训内容。

②需求调查：采用询问、问卷等方式，对员工的培训需求进行调查。

③过往培训反馈：做好员工培训反馈工作，从培训反馈中了解员工对培训内容、培训讲师和培训收获的评价，同时了解员工希望开设的培训课程，表 6-7 所示为员工培训反馈表。

表6-7 员工培训反馈表

培训课程		培训时间		讲师	
姓名		部门		岗位	
培训反馈问卷（请如实填写以下内容）					
您对培训安排是否满意（单选）	□非常满意　□比较满意　□一般　□不满意				
您认为培训形式（单选）	□精彩　　　　□有一定吸引力　　　□不吸引人				
您认为讲师表达（单选）	□清晰流畅　　　　　　□一般 □模糊不清　　　　　　□其他（请注明）				
您认为培训时间安排（单选）	□合理　　　□较为合理　　□不合理				
您认为培训能否对提升工作绩效起到实际帮助（单选）	□非常有帮助　　　　　□有较大帮助 □多少有点帮助　　　　□基本没有什么帮助				
您认为公司的培训课程哪些地方有待改进（多选）	□培训内容理论程度应深化　□培训内容实用程度应加强 □提高讲师水平　　　　　　□培训组织服务更完善 □培训次数太少，可适当增加 □培训应少而精 □培训时间安排应更合理　　□其他（请注明）				
您希望参加哪类培训（多选）	□企业文化培训　　　　□岗位专业技能 □个人自我管理技能　　□职业道德与素养 □办公自动化　　　　　□行业、市场及产品信息 □人际关系及沟通技能　□其他（请注明）				

（2）培训辅导形式、内容单一

形式、内容单一的培训辅导常常会影响员工培训的积极性，甚至导致培训流于形式，如长期以讲授法开展职业道德与素养培训，培训时缺少交流互动，使得员工对培训产生厌烦感。

管理者应避免形式、内容单一的培训，针对不同的对象可以采取不同的培训内容和形式，如将传统培训与网络在线培训相结合，传统培训主要以内部讲授、情景模拟为主，内容针对产品知识、业务技能；网络在线培训则主要针对案例、经验分享以及个人自学培训。

开展网络在线培训需要借助网络教学工具来实现，如直播工具、在线培训软件等，这些工具一般都支持手机教学、互动答疑和课件分享等功能，图6-6所示为某App直播培训界面。

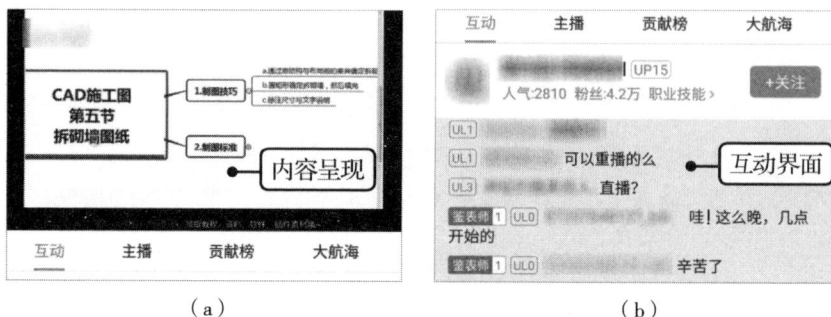

（a）　　　　　　　　　　　　　　　　（b）

图 6-6　某 App 直播培训界面

（3）忽视培训后的持续关注

培训辅导是一个长期的行为，员工能力的提升并不是一两次培训就可以实现的。在这一过程中，管理者要持续关注员工的成长，通过沟通交流了解培训辅导的效果，并倾听对方对于培训的想法，不断改善培训辅导的内容及流程。

在培训辅导期间，管理者要做好培训记录，通过分析记录来了解培训辅导期间员工培训的出席率、考核及格率以及培训满意度等，以此来衡量培训的效果。

07
如何开展线上网络团队培训

管理者可以利用视频网站、直播平台、课程教学软件和企业办公工具提供的直播工具来开展线上网络培训。下面以钉钉为例，来看看如何开展网络培训。

案例实操

利用钉钉开展网络培训

登录钉钉手机 App，在首页点击"📞"按钮，在"钉钉会议"页面点击"发起直播"按钮，如图6-7所示。

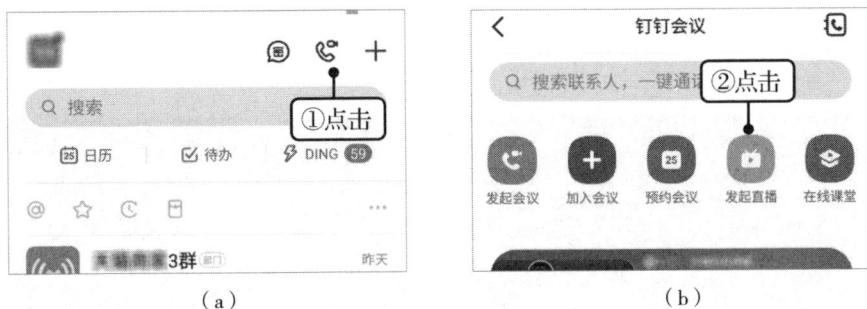

（a）　　　　　　　　　　（b）

图6-7　钉钉会议页面

在打开的页面中可以选择群组或点击"创建一个新的群"超链接创建群组，这里选择群组，在打开的页面中点击"前往认证"按钮，如图6-8所示。

（a）　　　　　　　　　　（b）

图6-8　"创建一个新的群"页面

在打开的页面中选择认证方式，这里点击"本人支付宝"按钮，在跳转的页面中点击"同意"按钮，如图6-9所示。

（a）　　　　　　　　　　（b）

图6-9　"选择实人认证方式"页面

完成认证后会进入发起直播页面，在直播发起页面输入培训主题，点击"开始直播"按钮，等待倒计时结束后即可开始进行直播培训，如图6-10所示。

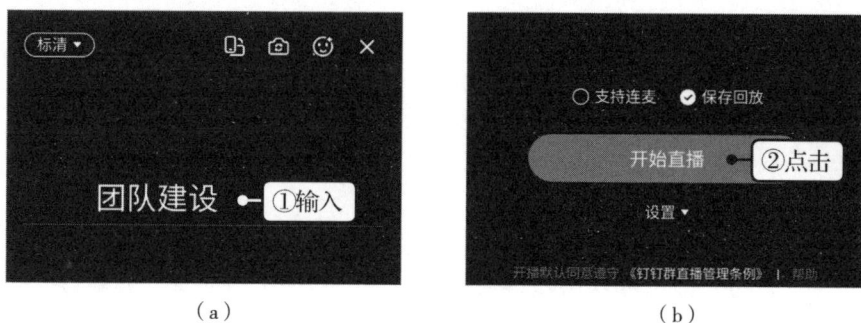

（a）　　　　　　　　　　　　（b）

图 6-10　"发起直播"页面

拓展贴示 *使用钉钉"在线课堂"开展团队培训*

除了可以使用钉钉提供的直播工具进行团队培训外，管理者还可以利用"在线课堂"工具开展培训。"在线课堂"支持课程录制、导入 PPT/Word/PDF、课堂定时、打卡、互动等功能。在"钉钉会议"页面点击"在线课堂"按钮即可开始上课，图6-11所示为在线课堂授课页面。

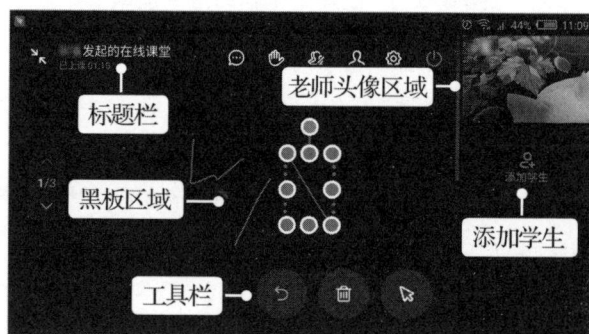

图 6-11　在线课堂授课页面

08
帮助成员不断进步，团队学习的有效形式

市场环境并不是一成不变的，对企业来说，只有学习型团队才能推动组织持续性向前发展。学习型团队能够为共同的目标努力，懂得共享信息和资源，会有强烈的学习和创新精神。对管理者来说，一个团队中只有自己一个人成长是远远不够的，管理者要有意识地推动学习型团队的建设，带动团队共同学习和进步。那么管理者要如何打造学习型团队呢？具体可从以下几方面入手。

①建立团队学习考核及奖惩机制，如采用"季考核、季惩罚"的方式来对员工的学习主动性、学习成果等进行考核，淘汰能力不足又不愿学习成长的员工，奖励努力学习提升自己的员工。

②奖励学习成果，如给予获得职业资格证书的员工现金奖励、报销员工学习培训费用、晋升取得技术进步的员工等，图6-12所示为某企业员工继续学习奖励办法。

③提供各种学习的机会，如内部培训、外部培训及搭建企业图书馆等。

对团队而言，除了可以采用培训学习、个人业余自学方式外，还可以使用以下两种学习形式。

（1）反思回顾深度会谈

每月或每周进行一次反思回顾深度会谈，在会谈中，回顾本周或本月的工作成果、工作方法以及发生的问题等。回顾后，让团队成员反思工作结果产生的原因、决策依据以及这样做的理由等，然后选出几个值得探究的问题进行深度讨论。

员工继续学习奖励办法

为鼓励和支持员工提升知识水平，打造学习型团队，特制定本奖励办法。

一、继续学习包括学历提升和获得国家职业资格等级证书等。

二、学历提升是指员工在现有学历基础上，获得大学专科以上国家承认学历的高等教育毕业证书，包括专科升本科、本科升研究生等。

三、学历提升学习方式指自学考试、成人高考、网络教育等在职学习方式。

四、奖励办法：

1.给予一次性经济奖励

经济奖励标准

奖励类型	奖金金额
取得本科学历	500 元
取得研究生学历	1 000 元
取得初级职称或三级职业资格证书	500 元
取得中级职称或二级职业资格证书	1 000 元
取得高级职称或一级职业资格证书	1 500 元

2.费用报销

费用报销标准

报销类型	报销金额
取得本科学历	所缴费用的 50%
取得研究生学历	所缴费用的 65%
取得初级职称或三级职业资格证书	所缴费用的 50%
取得中级职称或二级职业资格证书	所缴费用的 65%
取得高级职称或一级职业资格证书	所缴费用的 80%
备注：参加学历/职称教育、考试所产生的差旅、住宿费，按规定报销 50%	

五、本办法适用于与公司签订正式劳动合同的所有员工。

×××××× 有限公司

××××年××月××日

图 6-12　某企业员工继续学习奖励办法

冲突和歧见可能会给深度会谈带来危机，当产生冲突或歧见时，管理者要分析冲突或歧见产生的原因，对不良冲突进行控制和协调。总的来看，冲突可分为破坏性冲突和建设性冲突两种。

①破坏性冲突：因团队成员情绪失控所造成的冲突，容易导致成员矛盾激化，甚至演变为人身攻击，导致会谈提前结束，影响深度会谈的学习效果。

②建设性冲突：因想法、建议不一致而带来激烈讨论，场面整体可控，不会对深度会谈造成太大的影响，相反可以汇聚很多优秀方法和黄金解决

方案，为团队学习助力。

面对以上两种冲突，管理者需要预防建设性冲突演变为破坏性冲突，避免破坏性冲突进一步恶化，具体可以采用以下四种方法。

①甄别：在会谈气氛紧张时，对冲突进行甄别，若成员有陷入恶意争执的趋势，则采用调和、暂停等方法缓和气氛。

②强制：利用管理者的权威，强制将解决方案敲定下来，会谈后与不满处理结果的员工进行沟通。

③妥协：让双方各自退一步，通过妥协让步达成统一。

④回避：回避冲突的焦点，将冲突问题搁置一旁，等成员情绪稳定后再进行有效解决。

（2）促进工作中学习

在工作中发生的学习常常会让员工受益颇多，管理者可以在工作中有意识地激励员工练习某项技能，然后让员工将这项技能运用到工作中。以销售岗位员工为例，在一次客户拜访中，管理者可以按照表6-8所示的流程促进团队成员学习成长。

表6-8　促进团队成员学习成长的工作流程

阶　　段	过　　程
客户拜访前 （一次对话）	管理者询问：此次客户拜访的目的是什么 下属回答：签订合同订单，金额五万元
	管理者询问：你觉得怎样才可以拿下订单 下属回答：发掘需求、处理异议、达成合作……
	管理者询问：你觉得在谈单过程中可能会遇到哪些困难 下属回答：客户可能会对我们价格产生异议
	管理者询问：你要如何克服这些困难，有什么好的解决方法 下属回答：我会……

阶　段	过　程
下属的解决方案不可行	当下属的解决方案不可行时，管理者可以告知下属比较好的解决方案或技巧，如：针对价格异议，你首先要让客户认可我们产品的品质、性能和设计……
模拟练习	进行一次谈单时的模拟练习，让下属掌握以上方法或交流技巧
客户拜访中	下属在谈单过程中运用拜访前学到的订单成交技巧
客户拜访后（复盘）	拜访结束后，管理者可以与下属或全体团队成员进行谈单过程复盘，在复盘过程中了解下属谈单时遇到的实际难题，然后针对这些问题，提出解决方法，以优化下属的工作行为，同时提升学习效果，对于好的方法、技巧则在团队中加以推广应用

过去的知识和经验、缺乏学习氛围、意见分歧以及执着于短期结果等，都可能成为团队学习的障碍。管理者要做团队学习的带头人，主动引导团队成员学习成长。在思想上，则通过集中培训、会议讨论等方式植入学习基因，让成员接受团队学习的形式，从而逐步克服团队学习的障碍。

第7章

做优秀带头人
提升成员凝聚力

对一个团队来说，最重要的就是凝聚力，有了凝聚力团队成员才会朝着同一个方向和目标前进，而管理者就是团队凝聚力的核心，所以管理者要提高自己的管理能力和权威性，让团队变成一个整体。

信任关系建立和维护的六个关键要素

对于刚刚成为管理者的业务员来说，如何建立团队凝聚力，让员工信任自己是一件需要时间的事情。团队之间的信任对开展工作来说非常重要，能够让员工相信管理者的决策，让团队成员更加默契地完成工作。

管理者要注重建立和保持这种信任关系。除了时间以外，管理者还要把握以下六个关键要素，这样能更快速地获得员工的信任。

◆ 行事统一有预见性

管理者要想获得员工的信任一定要从自身做起，规范自己的行为，形成自己的做事风格，有自己的行事准则，这样员工能更快熟悉管理者的行事风格。如果管理者做事不计后果、时常变卦、朝令夕改，让员工摸不着头绪，会带给员工非常大的不安，这样容易失去员工的信任，从而影响团队工作的效率。

◆ 正直诚信

管理者的个人素质是员工非常看重的，正直诚信的管理者更能得到员工的尊敬，所以日常工作中，管理者应该言行一致、说到做到，给员工留下诚实可信的印象。

◆ 直面问题

要建立彼此间的信任关系，沟通是非常重要的，而且沟通不应该是一次两次，而应该是时时沟通，尤其是出现问题后，更要向员工好好说明。如果总是回避问题，只会让员工对管理者的能力产生怀疑，造成问题的不断加深。

◆ 适当授权

作为管理者要时刻谨记，信任员工才能得到员工的信任。管理工作重在指导，而不是包办，要给员工施展自身能力的机会，将工作合理地分派给各个员工，向员工表达信任的同时，也能收获员工的信任。

◆ 表达关心

新晋管理者要想尽快融入团队中，就要多与员工互动，表达自己的关心。无论是生活中还是工作中，管理者都应该多关心员工，了解员工的需要，这样员工更能感受到管理者的存在。

◆ 支持

员工的信任和管理者的支持是一体两面的，在团队受到外部压力或质疑时，管理者的表现就至关重要了。管理者一定要明确自己的角色定位，担负起管理者的责任，支持团队成员，处理好团队产生的问题，这样才能反过来得到员工的支持。

02
建立默契团体关系的三个技巧

团队之间的默契程度会直接影响员工的工作效率，默契度越高，各项工作的衔接就越好，就能更好地完成各项工作。所以，管理者的其中一项工作就是建立团队成员之间的默契，可以利用以下三个技巧帮助管理者建立团队间的默契。

（1）明确共同目标和基本利益

团队之所以在一起工作，就是通过不同的分工完成某一项重要的工作。为了更好激励团队成员，管理者要懂得建立团队共同的目标和基本的利益，找到团队成员都关注的东西，才能提高团队凝聚力和默契度。

团队的基本利益对于团队成员来说尤为重要，满足基本的物质需求才能投入更多的精力到工作中。否则，在无法实现基础利益的团队中，团队成员可能长期抱有不满情绪，会渐渐拉开团队成员的距离，让各方面工作受限。

除了团队利益外，团队的共同目标也不可或缺，这是一种思维意识上的愿景，当团队成员有了一致的目标，就会产生相同的动力，这样会对彼此多一分理解与宽容。在面对困难时，也更愿意彼此帮助，在完成个人目标的同时努力完成团队目标。

（2）共同设计工作规定

可能在很多人的观念里，部门或团队的工作规定都是管理者制定的。其实这是错误的观念，新晋的管理人员一定要懂得团队是"共同作战"的，只有充分尊重每一个员工，才能让员工觉得自己是团队中的一员。

在设计工作规定的时候，管理者一定要充分考虑员工的意见，与团队成员共同协商，这样制定出来的规定或是制度才能得到所有人的认同和理解，大家才会严格遵守。而在员工努力遵守统一的工作规定时，彼此之间的默契度自然也会增加。

（3）维持良好的工作氛围

形成有默契的团队需要管理者维持良好的工作氛围，在一种积极、高效的工作氛围中，形成良性的循环。要维持良好的工作氛围，就需要管理者不断为团队注入活力，建立有效的沟通渠道，解决团队内部问题的同时，为员工找到期待的目标，使团队成员更亲密无间。

03
修炼领导能力，运用人才搭配的策略

新晋的团队管理者在用人方面可能还不熟悉，因为一直都是接受上级安排任务，突然要给员工安排任务，难免会有不足之处。不过，为了提高团队的工作效率，就要发挥每个成员的优势，这更需要管理者掌握人才搭配的策略。

合理搭配人才是管理者的一项基本能力，管理者要善于根据每个人的特长进行巧妙搭配，让员工分工合作，取长补短，充分展现团队的能力。进行组合搭配时，必须综合考虑五个方面：专业结构、年龄结构、知识结构及心理相容性。

管理者在实际安排工作时，应该讲究一些策略，这样可以更好地发挥人才的作用，如下所示。

◆ 个性互补

性格往往决定了一个人的行事准则和与人交往的方式，将性格不合的人安排在一起工作，会产生极大的内耗，导致工作效率降低。所以在安排工作前一定要了解团队每个成员的个性。若是不重视，将脾气性格急躁的人安排在一起，极大可能形成紧张的工作氛围，甚至相互争吵。

◆ 发挥特长

一个团队中的人才应该是各有所长，作为管理者应该平时注意观察，了解各个成员的特长，再根据工作性质安排具体任务。只有挖掘员工的特长和潜力，让其做适合的工作，才能对公司也好，对员工也好。

◆ 形成年龄梯队

在安排某项工作时，管理者需要注意年龄的搭配，如有些工作适合有经验的老员工主导，有些工作适合年轻员工互相合作、交换想法，这样在团队中形成年龄梯队，既能借助老员工的经验，又能得到年轻员工的创意。

◆ 动态调整

团队需要处理的工作常常会根据公司的业务变化和外部环境变化而有所改变，那么人才搭配也不能一成不变，有经验的管理者需要随时根据情况变化，改变人员的组成和协作关系。

打造高协调团队，破解团队协作的五大障碍

　　团队协调工作是完成工作任务的最佳状态，不过要建立一个协调的团队并不是一件容易的事，团队之间需要磨合，新晋的管理者也要与员工磨合。

　　由于团队是由不同的人员组成，所以自然会出现各种沟通障碍，导致成员之间不能有效协作，其中，最主要的障碍包括缺乏信任、回避冲突、事不关己、逃避责任以及忽视团队成绩。只有处理好这些沟通障碍，才能使团队成员真正合作无间。

　　（1）缺乏信任

　　团队成员互相信任是开展工作的基础，可是建立信任需要一定的过程，管理者首先需要发现问题，才能解决问题。团队缺乏信任一般体现在以下几个方面。

　　①不想给同事提供帮助，遇事也不向周围的人求助，总是独自解决工作问题。

　　②不愿在团队中暴露自己的不足，也不提及自己的错误。

　　③对同事的观点和想法持怀疑态度。

　　④对他人的经验和技术毫不在意。

　　⑤对同事多有微词。

　　⑥不愿过多与同事接触，也不想参与集体活动。

　　为了解决团队中的这些问题，管理者需要带领员工一起来克服，通过团队成员的努力拉近关系，彼此信任。

　　首先，团队员工需要互相了解，可以通过自我介绍，向大家透露自己的个人信息，包括学历背景、工作经历和个人基本信息等，管理者应该带头做这件事，然后迅速拉近团队距离。

其次，进行个性测评，通过专业的测评工具，如MBTI（迈尔斯布里格斯类型指标），对团队成员的职业性格进行测试，帮助团队成员了解自己。根据测评结果，开展讨论会，进一步了解团队成员的不足与优势，并据此找到提升团队工作效率或业绩的方式，制订合理的工作计划。

最后，也可以常常进行团建活动，如旅游、拉练、聚餐或运动比赛，这些集体性活动可以加深员工感情，促进彼此信任。

（2）回避冲突

虽然在工作中应该尽量避免冲突，不过有时适当的冲突，是一种有效的沟通方式，能让员工抒发自己的想法，而不是仅仅维持表面的平和。团队中如果出现了回避冲突的情况，说明环境和氛围非常封闭，具体表现为以下三点。

①在团队会议中，没有各抒己见，导致会议流于形式。

②回避需要解决的重要问题，只因可能引起争论，便把问题搁置了。

③管理者可能因为疲于处理成员间的矛盾，而避免相关情况和问题的发生。

要解决这个问题，管理者就要有破釜沉舟的勇气，不惧怕团队间的冲突，并积极努力解决。可以通过以下两种方式来改善相关情况。

①团队会议。找出团队中有争议且重要的话题，鼓励员工发言；或是管理者身先士卒，抛出一个问题的不同解决方式，让员工围绕不同的解决方式讨论，最后得出解决方案。

②冲突管理。管理者应该掌握冲突管理的技巧，对员工进行冲突管理培训，建立冲突管理机制。

（3）事不关己

团队的成功需要每个成员的努力，如果有的成员总是事不关己，则很难融入团队中，在团队中会出现如下表现。

①管理者给团队设置的目标模糊，让员工难以执行。

②员工对于一些很简单的工作总是拖延，导致业绩问题。

③很难就某一问题达成一致，所以退而求其次，做出差不多的决策。

要调动员工的积极性，管理者是核心，还要借助有效的管理制度来提高员工对工作的投入。

一是设计会议决策制度，对会议事项、会议记录、会议程序和会议裁决的有关内容进行规定，以期得到各项事宜的解决方案。

二是最好在安排工作的时候设定最终期限，做好跟踪设置，每隔一段时间对工作进度进行查询。

三是培训员工学会使用企业战略分析法（SWOT），对有关事项的优势、劣势、机会和威胁进行全面分析，得出相关问题的结论。

（4）逃避责任

为了简化工作事项，很多员工可能会有逃避责任的行为，这样可能会将团队其他成员的努力消减，团队中逃避责任的现象，常见表现如下所示。

①对团队内存在的问题视而不见，不提出也不解决。

②管理者将员工的责任揽在自己身上，承担全部的责任。

③团队内部没有时间观念，导致工作完成度不高。

④员工不追求工作效率，并对高效率工作的员工有所微词。

为了团队整体的进步，管理者要塑造员工的责任心，可以通过以下一些方式来激励员工。

一是清楚告知每位员工团队的工作目标，再具体细化每位员工的个人目标，让员工对自己的工作有清晰的认知。

二是将员工不负责任的情况进行汇总，在会议上指出，时时鞭策员工。

三是设置基础性工作的标准，核查员工是否按照工作标准行事，如下所示为某项工作的基本标准。

要求每月第十五个工作日将月度工作计划报领导审批。

校对、审核、报批、编号、发放公司行文。

每年两次大型庆典活动（周年庆、元旦）；一次大型文体活动（运动会）。

四是建立监督制度，让员工之间相互评价，以此激励员工认真负责地工作。

五是管理者对员工的工作成果、工作业绩进行记录、评价并适时提出改进方法。

（5）忽视团队成绩

很多团队成员缺乏大局观，不注重团队的整体成绩，这样既损害团队利益，又损害个人利益。当出现以下一些情况时，管理者要多加注意。

①团队内优秀的员工渐渐流失，团队成绩普通，对其没有任何吸引力。

②员工过于在意自己的利益得失，不愿为团队整体考虑。

③团队整体没有竞争力，近期业绩无亮眼处和提升趋势。

要让员工将对个人的关注放到团队中来，就要改变员工的基本意识，并且提高团队的物质奖励，具体要做好以下一些内容。

一是给予团队奖励，在团队取得成绩的时候，给予团队每个成员相应的奖励，这样员工才会重视团队荣誉。

二是设计奖励制度，奖励团队中优秀的人才，以此鼓励其继续为团队带来业绩和利益。具体奖励制度如下所示。

团队奖励制度

一、为加强团队管理，明确员工奖励依据、程序和内容，使奖励公开、公平、公正，更好地规范员工的行为，维护正常的工作秩序，鼓励和鞭策团队全体成员奋发向上，取得更好的成绩，根据实际情况，特制定本奖励制度。

二、以规范的考核为依据，针对成员对团队的贡献大小，采用不同的奖励形式。

三、奖励方式。

1. 日常工作奖

①最多通话量奖（每天进行的通话量统计），奖励200元。

②最多到访客户奖（重复到访客户不算），奖励200元。

2. 达标奖

①当月完成所定目标奖励200元。

②当月业绩超过所定目标奖励300元（30万元以上目标可参与此奖）。

③当月单笔业绩100万元以上奖励1 000元。

3. 标兵奖

①连续3个月每月业绩达标，奖励200元。

②连续6个月每月业绩达标，奖励500元。

③连续12个月每月业绩达标，奖励1 000元。

4. 团队建设奖

员工每开发一个新的业务方向，奖励500元。

5. 年终奖

①20××年累计业绩达到300万元，奖励1 000元。

②20××年累计业绩达到400万元，奖励2 000元。

③20××年累计业绩达到500万元，奖励3 000元。

④20××年累计业绩达到500万元以上，奖励5 000元。

团队成员如果能改变固有的观念，清楚认识到提高团队业绩的同时自己的业绩也会提高，且能获得个人和团队的双重利益，便会使团队的凝聚力加深，互相之间更加信任。

团队优化调整三个要点

管理者带领一个团队，自然要以团队利益为重。为了让团队的工作业绩和成果维持水准或是不断提高，管理者要不断优化团队，包括人员、结构和机制等，只有团队各方面提高，才有可能为公司和员工带来更好的收益。

但团队在运作的过程中，可能会出现各种各样的问题，所以需要管理者不断优化团队，主要可从以下几方面入手。

（1）优选成员

团队是由不同的成员组成的，要想让团队成为优质团队，那么必须加入一些优质的成员。一是在招聘时，要对新加入的成员进行考核，达到一定标准才能成为团队一员；二是对所有团队成员都要进行规律性的培训，帮助他们提高个人能力，让团队始终具有竞争力。

（2）良好的团队氛围

一个团队之所以成为团队，就是团队成员之间彼此信任，有一个良好的工作氛围。所以作为管理者要努力维持好各成员间的关系，让团队氛围友好、积极，没有任何负能量。

而管理者与团队普通成员之间的关系，也要引起重视，彼此尊重是一个大前提。管理者不能因为是上级就对员工趾高气扬，但同时也要保留管理者的威信，这样才能有效指导员工。

（3）团队管理的优化

随着时代的发展，管理团队的方式有了很大的改变，管理者要不断地充实自己，用科学现代的方式来管理团队。管理者可以借助很多管理App更有效率地指导员工工作，与员工交流，了解员工的有关情况。

现在市面上的管理 App 有很多，下面介绍几种常用的，仅供参考。

◆ 飞书

飞书是一款高效的办公平台，整合即时沟通、日历、音视频会议、云文档、云盘、邮箱和工作台等功能于一体，让团队成员在一处即可实现高效的沟通和流畅的协作，可以全方位提升企业办公效率。其具备的特殊功能有以下几点。

①高效团队沟通工具。可以针对单条消息进行回复，即使同时讨论多个话题也不会混乱，且支持多语言实时翻译，实现跨国沟通。

案例实操

创建团队进行沟通

管理者可在手机应用市场下载飞书App，注册后登录，在主页中点击"升级为团队"按钮，就能创建一个团队。然后填写团队名称、选择行业类型和团队规模，点击"完成"按钮，如图7-1所示。

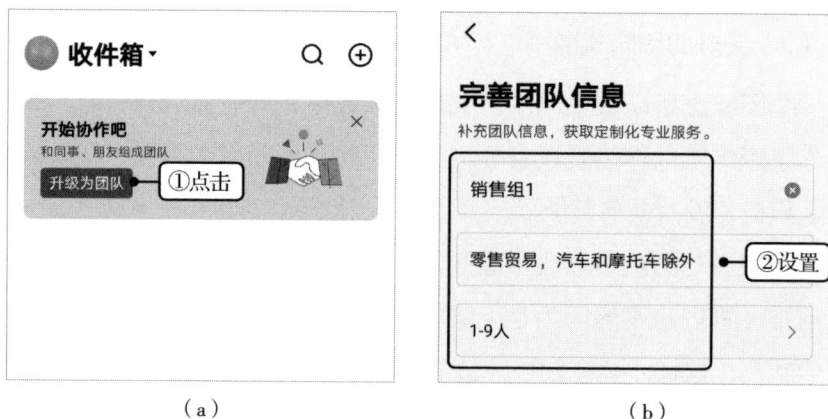

（a）　　　　　　　　　　　　　（b）

图 7-1　创建团队

然后在打开的界面中点击"添加成员"按钮添加团队成员，选择添加方式（包括微信、二维码、通讯录和手机号码等），这里选择"微信邀请"选项，如图7-2所示。

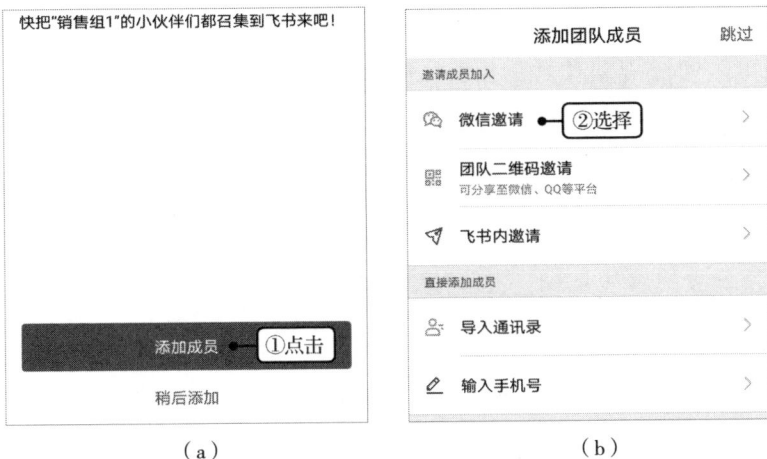

快把"销售组1"的小伙伴们都召集到飞书来吧！

添加成员 ①点击

稍后添加

（a）

添加团队成员　跳过

邀请成员加入

微信邀请 ②选择

团队二维码邀请
可分享至微信、QQ等平台

飞书内邀请

直接添加成员

导入通讯录

输入手机号

（b）

图 7-2　添加团队成员

在弹出的对话框中点击"去微信粘贴给好友"，即可添加团队成员。创建团队后，即可进入工作组的聊天界面，及时与成员交流，长按消息，可在弹出的功能框中对消息做出处理。点击"回复"按钮即可针对该条消息进行回复，如图 7-3 所示。

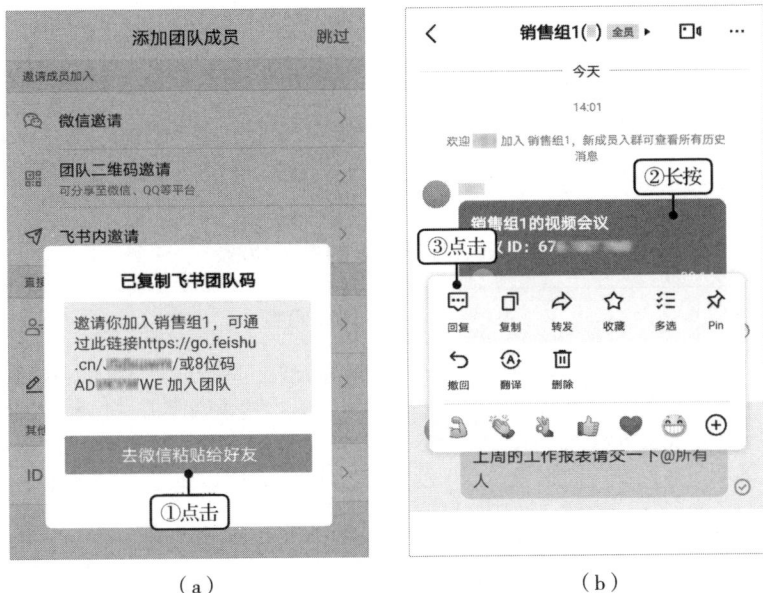

添加团队成员　跳过

邀请成员加入

微信邀请

团队二维码邀请
可分享至微信、QQ等平台

飞书内邀请

已复制飞书团队码

邀请你加入销售组1，可通过此链接https://go.feishu.cn/▒▒▒▒▒/或8位码AD▒▒▒▒WE 加入团队

去微信粘贴给好友

①点击

（a）

销售组1(　) 全员

今天

14:01

欢迎 ▒▒ 加入 销售组1，新成员入群可查看所有历史消息

②长按

销售组1的视频会议
ID: 67▒▒▒▒

③点击

回复　复制　转发　收藏　多选　Pin

撤回　翻译　删除

上周的工作报表请交一下@所有人

（b）

图 7-3　进入工作组的聊天界面

②共享团队协同日历。飞书日历与即时沟通、在线文档深度整合，团队成员可以便捷规划和共享日程，时刻与大家保持同步，组织会议、项目排期更高效。

③流畅的音视频会议。直接邀请团队成员加入音视频会议，在群聊或日历的会议邀约中即可轻松开启音视频会议，还可以一键发起万人会议直播、便捷共享屏幕或文档，远程协同如临现场。

④强大的协同创作云文档。汇集在线文档、电子表格和思维笔记等多种在线工具，将企业知识资源汇聚在一处，支持多人实时协同编辑、@同事、评论以及智能翻译等丰富的互动功能。

⑤数据统计的在线表格。飞书表格支持实时协同编辑，具备灵活的权限管理和丰富的计算功能，支持易用的数据验证、常用公式和多种图表，满足办公场景下数据统计、分析等多类需求。

⑥智能安全的企业邮箱。可以使邮件一键分享至沟通群组，信息同步更及时、邮件准备更高效。

◆ 钉钉

钉钉是阿里巴巴集团专为中国企业打造的免费沟通和协同的多端平台，支持手机和电脑间文件互传，可全方位提升企业沟通和协同效率，其具体功能见表7-1。

表7-1 钉钉App的主要功能

功　　能	具体内容
企业通讯录	1. 通讯录管理：员工信息批量导入，统一管理，支持角色设置 2. 快速找人：共享统一通讯录，直接搜索同事信息，无需加好友即可发起聊天 3. 统一通讯录：内部通讯录清晰展示组织架构，外部通讯录方便进行客户管理，客户信息公司统一维护 4. 通讯录数据全面保护：高管手机号可隐藏，普通员工手机号查看可设限，确保信息安全

功　　能	具体内容
沟通功能	1. 视频会议：最高支持 302 人同时在线，手机和电脑都可以共享屏幕和文件，提供全员静音、移除参会人、锁定会议、全员看 TA 等会议管理功能，确保会议全程有序进行 2. 办公电话：支持 2 ~ 9 人同时加入，可实时增加、删除成员，控制静音 3.DING 消息必达：钉钉发出的 DING 消息将会以免费电话 / 免费短信 / 应用内消息的方式通知到对方 4. 消息已读未读：无论是一对一聊天，还是一对多的群消息，钉钉支持查看发出的消息，支持查看已读未读 5. 密聊模式：在此模式下，信息不能被复制，用户不用担心被录音，姓名、头像都会被打马赛克。聊天内容在已读后 30 秒内消失，不留任何痕迹
办公协同	1. 审批功能：融合通信移动办公，随时随地申请秒批 2. 公告功能：公告内容只有企业群内部人员才可以看到，线上公告还可以提供附件功能，文件可添加 3. 日志功能：能够快速追溯汇报历史，让工作有迹可循。且提供丰富的自定义模版，满足日报、周报、月报、拜访记录以及会议纪要等各种工作场景需求 4. 邮箱功能：支持个人及企业邮箱账号一键完成登录，管理者的邮件会自动发到聊天窗里

◆ 企业微信

企业微信是腾讯微信团队打造的企业通信与办公工具，有丰富的 OA 应用，可帮助企业连接内部生态伙伴。目前企业微信已覆盖零售、教育、金融、制造业、互联网及医疗等 50 多个行业。企业微信能够提供如下所示的一些功能。

①高效的沟通方式。发出的消息可以查看对方的已读未读状态，沟通工作更高效。

②日程。可快速向同事或下级发起日程邀约、将聊天中的工作添加为日程，并在日程中统一管理自己的工作安排。

③会议。可随时随地发起和参与音视频会议，支持 300 人同时参会，

并为主持人提供管理功能。发言时还可演示文档或电脑屏幕，支持实时标注演示内容。

④微文档。可个人创作或与同事共同编辑文档和表格，企业和创作者可设置文档的内外部访问权限、文档水印。文档修改实时更新，同事间共享无需多次传输。

⑤微盘。统一存储的企业共享空间，文件修改实时同步，方便员工随时访问。管理端支持成员操作审计，安全管理企业数据。

⑥打卡。在手机或智慧考勤机上轻松打卡，结合审批申请自动生成出勤报表，提高考勤效率；支持固定时间上下班、灵活排班、自由上下班和外出打卡。

⑦审批。随时随地审批，可添加自定义审批模板，支持会签、或签、上级审批及条件审批等审批方式，可帮助管理者定制规范高效的审批流程。

⑧汇报。员工通过日报、周报和月报汇报工作进展，管理者可在手机端查看。

⑨企业支付。提供完备的支付能力，企业可以向外部微信用户收款与付款，也可向员工收付款或发送红包。

⑩公费电话。由企业统一付费，员工可免费拨打的电话功能，省去烦琐的话费报销流程。企业可统一管理拨打记录及权限，注册即可领取 1 000 分钟免费时长。

⑪企业邮箱。绑定企业邮箱或工作的个人邮箱，在这里接收新邮件通知，及时处理邮件。

⑫通讯录管理。快速批量导入，统一管理；同事信息准确完善，方便查阅。

⑬丰富的配置。可个性化定义员工资料，设置通讯录查看权限和隐藏特殊部门或成员，还支持在手机启动页设置企业 logo、宣传图。

⑭可管理的群聊。可设置仅群主可管理群聊，设置群内禁言，发布群公告，支持发起 2 000 人群聊。

06 领导者如何树立权威，这三招赢得员工尊重

　　管理者要管理员工，指导员工工作，是需要员工支持的。很多新晋管理者可能会有一个错误的认识，即觉得自己是领导者，员工当然应该服从自己，拥戴自己。其实，只有真正有威信的管理者才能顺利地指挥员工，并开展相应的工作。

　　而管理者要树立自己的威信，就要规范自己的行为，提高自己的素养，不能仗着自己是管理者，就放纵自己。很多员工都有在私下抱怨过管理人员素质堪忧，不尊重他人，或是小人得志。

　　"我说什么照做就行了，哪儿那么多想法？"

　　"你的意见怎么那么多？你是领导还是我是领导？"

　　"说过多少次了，不需要安装程序，你的理解能力有问题？"

　　"你不会动动脑子，不要我说一步走一步！"

　　"这么简单的事也不会吗？上过大学吗？"

　　如果管理者这样对员工说话，不仅可能造成人身伤害，还会暴露自己的个人修养低下，影响管理者在员工心中的形象。管理者要树立权威，应该从以下几个方面入手。

　　◆　个人魅力

　　作为领导者一定要有领导者的魅力，要有管理大家的气魄。有魅力的人无论处在何种地位，都会很受欢迎，成为领导就更能有效地指挥员工了。而管理者的魅力来自四个方面。

　　一是外在形象，外貌较好的人更受欢迎，这是不争的事实，所以管理者一定要好好管理自己的形象，虽然样貌无法改变，但个人穿着应得体，个人清洁应保持良好。

二是谈吐，管理者要注意自己的言行，不能说脏话、粗话，不能对员工进行人身攻击或是八卦员工个人生活。

三是性格，性格开朗的人自然会给他人留下阳光积极的印象，也会比较好相处。管理者要明白，不是整天板着一张脸才叫有威信，有亲和力的人更易被员工接受。

四是道德，管理者不仅在业务能力上要高出员工，在个人品德上也要以身作则，如果出现借钱不还、在公司内造谣及贪污等问题，自然会被员工看低。

◆ 情感联系

很多管理者之所以受员工拥戴，不仅因为其带领团队的时间长，还在于共同经历了许多工作中的风风雨雨，所以管理者与员工之间有了情感联系，如果突然换了领导，会受到员工的抵制，这也是管理者的威信体现之一。

因此，管理者要注意与员工建立情感联系，不仅要通过时间加深情感联系，还要主动关心员工、信赖员工并给员工展现自己的机会。此外，多与员工接触，在员工有困难时提供帮助、与员工一起承担责任，在员工有进步时鼓励员工，这样与员工同进同退，自然能得到员工的支持。

◆ 个人能力

管理者的权威虽然很大一部分来自岗位属性，不过，其个人能力也是员工看重的，如果能让员工敬佩其个人能力，就能在员工中树立威信。

而想要得到他人的敬佩，只有比员工更强才行，无论是工作业务能力，还是管理能力，抑或是专业知识，只要管理者在一方面有所突出，就能使人刮目相看。

所以管理者要注重提高自己，做好终身学习的准备，才能逐渐进步而不是故步自封。

07
四个关键点，提高凝聚力留住团队核心人才

团队凝聚力是指团队对成员的吸引力，成员对团队的向心力，以及团队成员之间的相互吸引。团队凝聚力代表了团队成员之间团结协作的程度，是建立高效团队的基本要素。

若是失去了凝聚力，团队成员很难协作完成共同的目标。作为管理者要注意不断提高团队凝聚力，这样才能提高团队的工作效率。要想提高凝聚力要做好以下四个关键点。

◆ 捆绑员工

将团队与员工捆绑在一起，弱化雇佣关系，这样员工会将团队的利益看作自身的利益，努力维护团队的利益。具体可从两个方面入手，一是培养员工的主人翁意识，二是进行利益捆绑。

◆ 民主型管理

管理者要注意改变领导的方式，不能只是一味地上令下达，给员工安排任务，要采取更民主的领导方式，例如涉及重大的议题时，要团队全体成员共同协商，并归纳和吸收员工的意见。这样能让员工更加积极、活跃，热衷团队事务，将自己看作团队的一员。

◆ 改善沟通方式

若要加强团队凝聚力，团队成员间的关系首先要和谐，若是互相不服，只会把团队氛围搞得乌烟瘴气。而沟通顺畅才能保证团队成员互相理解，管理者要保证沟通渠道的顺畅，给员工创造更多的沟通方式，可以从以下三方面入手做起。

①安排固定的沟通时间，如定期开会、定期开展活动或是定期聚餐，这样在固定时间给团队成员沟通的机会，可以让团队成员就工作和生活中

的各种问题进行讨论沟通，增进感情。

②拓宽沟通的渠道，以前团队成员之间沟通，一般是直接沟通，或是通过邮件、电话沟通，现在由于社交软件的发展，出现了更多的沟通渠道，如视频通话、语音通话或聊天软件等，员工不仅能随时随地进行交流，还能共享资料。

③营造开明的氛围，虽然管理人员可以创造沟通的机会和方式，但如果团队氛围并不开明，会很难让员工无所顾忌地提出自己的看法，所以管理者要尽可能创造开明、开放的环境。管理者首要是以身作则，摆出开明的态度，接受员工的意见，鼓励提出建议的员工，如果能给予一些物质上的奖励，则更能激发员工的表达欲望。

◆ 公正处理员工事务

小型团队可能不会遇到拉帮结派等问题，不过若带领的是大型团队，管理者就要避免在团队间分亲疏远近，这样受到忽视的员工很容易对管理者失望，对团队失望。管理者唯一能做的就是公正，人人心里都有一杆秤，只有按规定处理员工事务才能获得员工的支持。

第8章

学会用制度和流程
来让执行加速

团队内很容易出现相互扯皮、互相推卸责任的情况，管理者除了加强管理外，还要借助科学的制度对员工的行为进行规范，而不是让员工自我发挥，使工作一团糟。

01
落实岗位责任制，谁的工作谁负责

岗位责任制是指根据各个工作岗位的工作性质和业务特点，明确规定其职责、权限，并按照规定的工作标准进行考核及奖惩而建立起来的制度。

实行岗位责任制能够帮助管理者更好地了解员工的职责和团队结构，让团队成员各司其职。要实施岗位责任制，必须遵守以下三个原则。

①人岗匹配。每一个员工都具备其特有的才能，管理者应该根据员工的才能为其安排适合的岗位及工作，尽量做到人尽其才，员工在适合的岗位上高效工作，团队的效益才会提高。

②职权统一。职责和权力相辅相成，有什么权力就要有相应的职责，所以管理者给员工安排工作，也要授权给员工，这样员工才能取得相应的成绩。在设计岗位责任制的时候，也要明确职务和相应的权责。

③绩效考核。岗位责任制对员工的工作职责进行了详细的规定，也给绩效考核提供了依据。据此对员工的工作情况进行奖惩，才能真正发挥岗位责任制的作用。

管理者要设计岗位责任制，其中最重要的内容就是岗位职责定位，如下所示为某公司人力资源经理的主要岗位职责，可供参考。

人力资源经理主要职责

1. 根据公司实际情况和发展规划拟定公司人力资源计划，经批准后组织实施。

2. 制订人力资源部年度工作目标和工作计划，按月做出预算及工作计划，经批准后施行。

3. 组织制定公司用工制度、人事管理制度、劳动工资制度、人事档案管理制度、员工手册和培训大纲等规章制度、实施细则和人力资源部

工作程序，经批准后组织实施。

4. 制订人力资源部专业培训计划并协助培训部实施、考核。

5. 加强与公司外同行之间的联系。

6. 负责在公司内外收集有潜力的和所需的人才信息并组织招聘工作。

7. 审批公司员工薪酬表，报总经理核准后转会计部执行。

8. 组织办理员工绩效考核工作并负责审查各项考核、培训结果。

9. 制订述职周期经批准后安排述职活动。

10. 审批经人事部核准的过失单和奖励单，并安排执行。

11. 受理员工投诉和员工与公司劳动争议事宜并负责及时解决。

12. 按工作程序做好与相关部门的横向联系，并及时对部门间争议提出界定要求。

13. 负责人力资源部主管的工作程序和规章制度、实施细则的培训、执行和检查。

14. 定期主持人力资源部的例会，并参加公司有关人事方面的会议。

15. 了解人力资源部工作情况和相关数据，收集分析公司人事、劳资信息并定期向总经理提交报告。

16. 负责选拔、配置分公司中层管理人员。

17. 办理员工人事变动事宜。

18. 做好劳动合同的签订和管理工作，协商解决劳动纠纷，代表公司进行劳动诉讼。

19. 负责公司考勤管理。

20. 负责人力资源管理信息系统的建立，为公司人力资源管理决策提供依据。

21. 负责公司专业技术职务的评聘工作。

22. 完成上级主管交办的其他工作。

02
如何制定一套合理的绩效考核机制

绩效考核是企业绩效管理中的一个环节，指管理者对照工作目标和绩效标准，采用科学的考核方式，评定员工的工作任务完成情况、工作职责履行程度和发展情况，并且将评定结果反馈给员工的过程。

一般来说，企业通过合理的绩效考核机制来对员工进行绩效考核管理。绩效考核制度对员工工作绩效的质量和数量进行评价，并根据员工完成工作任务的态度以及完成任务的程度给予奖惩，是一套科学、合理且全面的考核制度。

设计绩效考核机制的基本原则见表8-1。

表8-1　绩效考核机制的设计原则

原　　则	具体内容
确定目标	要对员工进行绩效考核，就要设置具体的绩效目标，这样才能依据目标的达成情况，判断员工的工作能力，以此对员工进行奖惩，如晋升、调职、培训或绩效奖金等
公开透明	绩效制度应该公开、透明，得到员工的支持，或是接受员工的意见，最好将各项考核活动进行公开
反馈机制	绩效考核不是结束，要使绩效结果发挥作用，就必须要对绩效结果进行反馈，如果不设置反馈机制，绩效考核制度也就失去了本来的意义
可行性高	进行绩效考核，管理人员还要考虑实际操作的问题，即该绩效考核机制是否可行，因此不得不考虑成本、工作业绩标准等因素

管理人员在设计有效的绩效考核机制时，应该重点注意以下三个方面的内容。

（1）确定绩效考核方式

绩效考核的方式多种多样，管理者应该根据企业的实际情况选择合适的考核方式，具体可参考以下三个要素。

①判断绩效考核方式的实用性，是否能在企业中顺利开展。

②考虑成本，有的考核方式涉及的程序和人员较多，对企业的各种资源也是一种损耗，还有一些考核方式可能需要外聘人员进行设计，会花费额外的成本。

③考核方式多样，管理人员可以结合使用，不过若是设计得太过复杂，反而会加重员工和管理者的负担。管理者还是要根据工作性质，选择操作不复杂的考核方式。

（2）设计考核标准

既然要对员工绩效进行考核，那么自然要参照相应的考核标准，如达到哪个标准算优秀，达到哪个标准算合格。在设计考核标准时要注意以下四个方面。

①有效性。考核标准是否能有效评估员工工作是非常重要的，如有的工作岗位根本不会接触客户，却设置了"客户反映"的考核标准，这自然是不合理的。

②契合度。考核标准应该围绕企业整体的营业目标和企业文化来设计，这样才能将员工逐渐培养成企业需要的类型。

③可接受性。绩效考核标准虽然由管理者设计，但应该被员工所接受、认可，因此不应该太过苛刻，也不能太过宽松。

④具体化。管理者不能将考核标准设计得模棱两可，这样难以给员工指明努力的方向，管理者应明确地告诉员工，其应该达到的期望是什么，如"日接电话量达到200个"。

（3）指标系统化

绩效考核的指标设计要系统化，首先设计不同考核方向的指标，然后细化为具体的工作行为指标，最后再设计得分或权重，形成完整的指标体系。

设计完成后，还要不断地调整、验证，征求意见，补充内容，然后投入到考核机制中，观察考核效果。若是效果不理想，应及时进行改进。

下面来看某企业设计的绩效考核机制，管理者可从中借鉴，编制符合企业自身的考核内容。

案例实操

某企业绩效考核机制

为努力实现企业的发展目标，促进各项业务的稳步增长，对企业员工的工作业绩、品行、能力和态度等方面进行综合评定，促进员工自身能力的提升及自我价值的实现，在企业各部门试行绩效工资考核。

一、指导原则。

1. 指标量化考核原则。考核实行量化指标优先，难以量化的指标必须具体。

2. 公平、公正、公开原则。

3. 可行性原则。工作任务和工作标准不是凭空而定，而是可以达到的。

4. 绩效改进与提升原则。通过与员工进行绩效沟通，帮助员工全面客观地了解自身的不足和优势，促进其绩效得到改进、提升。

5. 监督和控制原则。对绩效考核过程和绩效工资的二次分配进行监督和控制。

二、考核对象：××部全体成员。

三、考核方式。

公司内部成立考核领导小组，负责对考核内容进行检查和核实，每月根据检查、核实结果进行绩效工资的分配。

四、考核依据。

1. 月度计划重点工作（40分）：由公司考评小组对公司核定的部门月度计划重点工作完成情况进行考核。

2. 服务指标（30分）：由公司考评小组按照公司确定的"岗位职责"

对各部门进行抽查、评分。

3. 管理指标（20分）：由公司考评小组从公司财务指标、客户指标、基础管理指标及学习改进指标四方面进行考核。

4. 临时工作（10分）：指公司领导或公司突发事件临时安排给部门的重要工作。

5. 考核内容详见各职能部门／月度绩效考核细则表（略）。

五、考核周期。

主要分为月度考核和年度考核，月度考核具体周期为上月1日至本月30日为一个月考核周期，年度考核取该年12个月考核结果的平均值。

六、考核结果的应用。

1. 对本月工作的回顾，考量过失，增强自身素质修养、提高专业技能。

2. 部门绩效考核结果与部门绩效工资总额挂钩，作为年底评选优秀部门的主要参考依据。

3. 员工绩效考核结果是月度绩效奖金发放、薪资增减、职级升降和评选先进的依据。

七、绩效工资总额计算。

考核结果与部门绩效工资总额兑现的计算系数相对应，具体见表8-2。

表8-2　考核结果等级划分办法

工资系数	分　值	对应等级
110%	97＜分数	优秀
100%	93≤分数≤97	
95%	90≤分数＜93	良好
90%	87≤分数＜90	
85%	84≤分数＜87	达标
80%	81≤分数＜84	
75%	78≤分数＜81	待改进
70%	75≤分数＜78	
65%	72≤分数＜75	不合格
60%	69≤分数＜72	

八、实施期间如有更新和改进请随时关注。

03
提升员工绩效的过程管理方法

很多管理者都是通过绩效考核来提高员工的工作绩效，这的确可以对员工进行激励，不过仅靠绩效考核是不够的，管理者还需要从多个方面入手，提升员工的工作效率。

◆ 提升管理者能力

一个好的管理者能够带领团队不断地创造好业绩，激发员工的潜能，发挥员工的优势；反过来，不懂得管理团队的管理者，会安排不合适的任务给员工，打乱团队的部署。所以，管理者身在其位一定要好好地提高自己的管理能力，了解员工的优势和劣势，让员工做适合的工作。

◆ 减轻员工压力

员工如果一直在压力较大的环境中工作，势必会变得低沉，缺少工作积极性，久而久之会影响工作效率。作为管理者要密切关注员工的工作状态，不要给其安排完成不了的工作量，定期为员工做心理疏导，或是带领员工参与各种降压活动，释放一定的工作压力，保持工作激情。

◆ 为员工找到职业目标

管理者应该从公司的发展和员工的发展出发，帮助员工找到自己的职业方向，规划好职业发展道路，这样员工才会更加热爱工作，而不是仅仅为了赚取工资。如果员工有职业规划，自然会朝着目标前进，不会懈怠偷懒。如果团队中的员工都如此奋发向上，员工个人绩效提高的同时，团队的整体绩效也会提高。

◆ 绩效改进的方法

当员工绩效考核不理想，管理者要做的不仅仅是将绩效结果告知员工，还应该帮助员工进行绩效改进。首先要指出造成其绩效不好的原因是什么，管理者应该以旁观者的身份协助员工分析，并给出自己的建议。此外，在管理者职权的范围内，为员工提供基本的资源支持，帮助员工进步。

◆ 定期培训员工

不断提高员工的业务水平是提高工作绩效的不二法则，所以企业应该定期为员工安排培训活动，让员工学习应该掌握的工作技能，更新自己的知识结构，以便更好地完成工作。现在很多企业都会开展员工培训活动，这也是未来企业管理的一种趋势。

04 制度落实不了的原因和解决策略

很多企业为了更好地管理员工都会通过管理制度来规范，不过却常常出现执行不到位的情况，这样制度就成了摆设，造成这种结果的原因有很多，包括如下一些。

①管理者没有按照制度内容对员工进行管理、监督。

②制度内容太过苛刻，受到员工的抵制。

③没有激励制度，导致员工没有动力。

要想避免以上这些问题，管理者需要做好以下一些工作，从制度、管理、员工三个方面进行改进，让企业的管理制度化、科学化。

（1）制度合理

管理者在确定有关制度时一定要分析企业的内外部环境，保证制度合理、全面、可实施，还要收集员工的意见，在公示后，要调查员工的接受度，如果能获得大多数员工的支持，就是可行的制度。

一旦制度是可行的、被接受的，那么员工就会按照制度的内容要求自己，管理者也能按照制度的内容考核员工、约束员工。

（2）时时修改制度内容

有些制度不能实施，不是因为制度没有考虑全面，而是因为市场和时代技术的改变，让很多制度内容不合时宜。所以管理者要注意定期研究制度内容，对于那些被淘汰的规定，应该及时修改，并运用到工作生产中。

如过去我们考勤用打卡机，现在很多企业用软件打卡，所以考勤管理要结合技术的进步进行调整。

又比如过去的出差费用额度，与这两年相比物价在上升，管理者也要考虑出差费用的上调，以免让员工难以支付相关出差活动。

（3）公平执行

管理者在实施制度时，要注意实施的基本原则，即"公平、公正、公开"，不能因为人情否定制度内容，如果管理者都因为一己好恶不顾制度内容，自然会引起员工的不满，觉得制度内容就是一纸空文。

所以管理者要记住，凡是制度中约定的奖惩规定，管理者要"按律实施"，员工犯了错就按相关规定处罚，员工应该得到奖赏就要按照奖赏规则执行，不能多奖，也不能少奖。

（4）设立监督体系

制度内容多是对员工的行为进行规范，但员工数量众多且思维方式各不一样，有的员工会很自觉地按照制度内容行事，而有的员工可能还是我行我素，这时就需要有效的监督机制来约束员工。

要么设置监督管理岗位，要么成立监督管理小组，可以通过定期或是不定期的形式督促员工。

（5）细化制度内容

为了更好地落实制度内容，对制度中较为宽泛的内容，还要细化、具体化，分解到各个部门或是各个小组，这样每位员工才更清楚自己的工作目标。

如规定企业年营业额为 100 万元，这样的规则对员工来说没有实际意义，只有细化到销售部，细化到销售小组，才能让员工真正引起重视。

（6）管理者做好表率

管理者是员工的表率，对员工的行为有很大的影响，只有管理者重视相关管理制度，员工才会重视。

（7）建立完善的考核、评价机制

就算员工接受并执行企业的管理制度，如果没有评价机制，很难对实行情况进行总结。因此可以设置相关的评价机制，对落实情况进行评估，以此判断制度的可行性，并对制度中的不足之处进行改进、补充。

05
提高制度执行效力的步骤

对于初具规模的企业来说，通过制度对员工进行管理是必要的过程，而很多时候制度的执行效力却不尽如人意，主要原因是企业的制度规范不成体系。

如何才能让企业制度管理成体系呢？可以通过以下六个步骤来做到。

①制定企业战略规划，为企业定下整体的发展目标，企业从上到下都需重视规划内容，把企业变为一个整体。

②设置企业组织结构，对员工岗位进行划分，确定企业不同的人事版块，这样不同版块的员工更清楚自己的工作范围。

③编制员工岗位说明，确定每个岗位的基本职责，解决职责划分不清的问题，让员工清楚自己的职责，承担责任。

④梳理管理流程，从上到下约定相关人员的职责，解决部门之间推卸责任的问题。

⑤设置考核机制，对员工的工作效率进行规定，对员工的工作成绩划分奖惩标准，绩效好的员工有奖励，使工作环境更加公平。

⑥塑造企业文化，通过加强员工的工作意识，提高执行力。

管理者要明白制度的执行效力不能仅仅依靠设计的管理内容，而是要从全局出发，构造完备的管理体系，相辅相成，从不同角度划分职责、约束员工，才能真正起到管理作用。

06
流程管理的基本步骤

任何工作都有流程，企业内的业务多种多样，每种业务涉及的流程和部门都不同。采购有采购的流程，生产有生产的流程，开发有开发的流程，销售有销售的流程……为了更好地梳理各个工作事项，管理者大多通过流程管理的形式规范员工的工作。企业的流程管理可以分为业务流程和管理流程两大类。

①业务流程是指以面向顾客直接产生价值增值的流程。

②管理流程是指为了控制风险、降低成本、提高服务质量、提高工作效率、提高对市场的反应速度，最终提高顾客满意度和企业市场竞争能力并达到利润最大化和提高经营效益目的的流程。

进行流程管理的基本目的就是提高工作效率，减少各处的损耗，流程管理主要分为三个步骤。

一是流程规范，通过流程的结构让员工了解业务的重点内容，各部门的衔接。具体操作如图 8-1 所示。

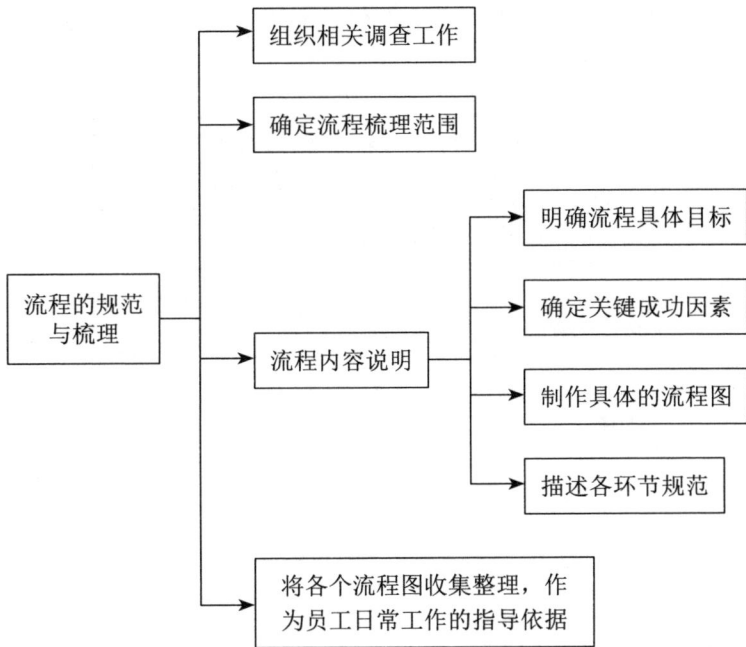

图 8-1 流程的规范与梳理

二是流程优化，即对流程不断优化的过程。根据企业的变化，考虑流程的变化，不断完善流程体系，让流程持续发挥节约成本、提高效率和减少损耗的作用。具体操作如图 8-2 所示。

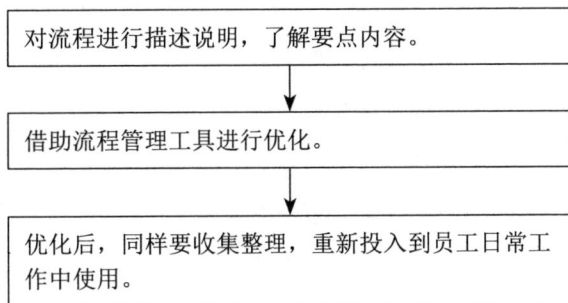

图 8-2 流程的优化

三是流程再造，即企业管理人员重新审视企业的相关流程，重新设计一套适合现在发展的流程。如企业进入另一个阶段后，随着人事结构、业务方向、商业模式和技术水平等的变化，流程设计也该有所变化。具体操作如图 8-3 所示。

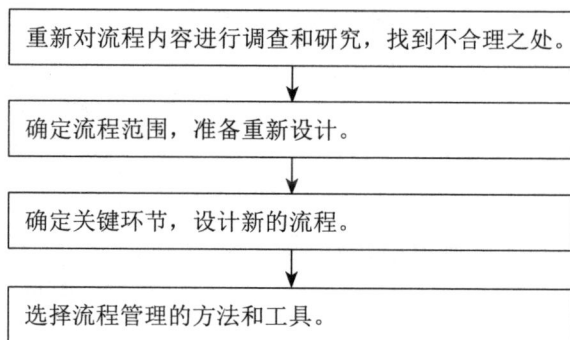

| 重新对流程内容进行调查和研究，找到不合理之处。 |
| 确定流程范围，准备重新设计。 |
| 确定关键环节，设计新的流程。 |
| 选择流程管理的方法和工具。 |

图 8-3　流程再造过程

07
流程管理的设计原则，决定其效用

　　流程管理是企业不能忽视的管理方式，对企业管理有很大意义，对管理人员的帮助也很大。管理人员在员工面前主要扮演的是指导者的角色，而流程管理的方式正好可以指导员工工作，管理者可以卸下很多负担。那么流程管理的目的有哪些呢？主要有如下五个方面。

　　①通过精细化管理提高受控程度。

　　②通过流程的优化提高工作效率。

　　③通过制度或规范使隐性知识显性化。

　　④通过流程化管理提高资源合理配置程度。

　　⑤快速实现管理复制。

　　管理者要进行流程管理，通过设计工作流程来指导员工工作，还需要遵守一定的原则，才能保证流程管理方式发挥其应有的效应。

①整体原则。与绩效管理一样，要想顺利推行流程管理，就要让全体员工都了解流程管理是什么，以及流程管理的优势，并且要培养流程管理意识，能够接受工作流程规范，并按照流程开展自己的工作。因此只是管理者参与无用，还需要全体员工共同参与。

②效率至上原则。虽然流程管理是企业管理的一种方式，不过该管理方式是以简化工作步骤，提高工作效率为主要目的，因此更重效率。企业不能本末倒置，重管理而轻流程，为了管理方便增加一些烦琐的环节。

③一体化原则。在流程的设置上，企业要遵循一体化原则，流程的开始、结尾、中间环节都要顺畅协调，并然有序。

④技术性原则。流程管理与任何管理方式一样，都需经过前期的分析、交流以及资料收集才能确定科学的管理方案。为了让各工作流程的结构合理，节点衔接自然，企业需巧妙地进行设计，尊重工作的特点。

⑤循环原则。设计出初始的流程图后，并不意味着流程管理工作结束，流程管理与绩效管理一样是循环的过程，要根据企业经营方向的变化，工作内容的变化，不断改进工作流程，使其更协调，更能有效衔接各工作环节。

08
三个让流程管理事半功倍的方法

对于新晋的管理者，要进行流程管理可能会有很大的难度，设计流程看似简单，实则千头万绪。如果不掌握有效的方法很难从众多的事项中找到关键要点。管理者一定要注意流程管理的系统性，这需要从三个方面入手才能做到。

（1）储备信息

管理者要进行流程管理首先要收集与企业经营有关的各种信息，还要整理出有用的关键信息，见表 8-3。

表 8-3　收集资料范围

范　　围	具体内容
企业经营信息	管理者只有把握了企业基本的经营方向，才能保证流程管理的方向不出错，所以对于企业经营信息如企业财务报告、各部门业绩报告和员工的绩效考核表等要全面收集，分析企业的发展变化
外部环境信息	企业的发展与外部环境的影响不可分割，所以对于市场环境、客户信息也要有所了解，如客户满意度调查报告、客户投诉事件信息
流程管理信息	经验就是教程，了解过去的流程管理信息对新晋的管理人员来说有很大帮助，可以借鉴好的地方，避免有缺陷的地方

那么这些资料应该通过什么渠道获得呢？一般以公司的资料库、年度总结报告、公司官网及员工内部系统等渠道获得。当然也可以自己收集第一手资料，设计调查报告，得到自己想知道的一些信息。

（2）了解公司的业务流程

公司的基本业务流程决定了大多数的管理流程，管理者想从不同的方向了解现在的业务信息，要思考以下几个问题。

①公司过去的流程结构是什么？与现在的发展模式是否一致？

②公司对流程管理的要求是什么？

③流程可否进行简化？

④流程中涉及的人力资源是否过多？

⑤流程清单的分类有哪些？

通过以上这些问题，管理者可以在寻找答案的同时，慢慢确定好设计的脉络，带着借鉴的目的理清自己的思路。

（3）计划流程结构

通过前期的准备，管理者应该对流程管理有了详细的了解，然后就能有条不紊地设计流程了。

首先，依照公司目前的发展方向，设计流程管理的目标，确定流程管理的方向。

其次，根据公司主要业务，对各部门的流程结构进行规划。

最后，参考外部环境和客户类别，优化细节部分。

09
学会对流程进行分类

由于业务重点的不同，流程的分类也不同，分类方法也不同，大多数公司都将流程管理分为运营流程和管理流程（职能）两大类。

运营流程是管理者在制订计划的过程中要考虑到运营流程中可能出现的问题，并制订出的一份能够将战略和人员及结果连在一起的运营计划，能为战略的实施人员提供明确指导方向。运营流程一般包括战略管理、产品开发和客户关系管理等版块，框架如图 8-4 所示。

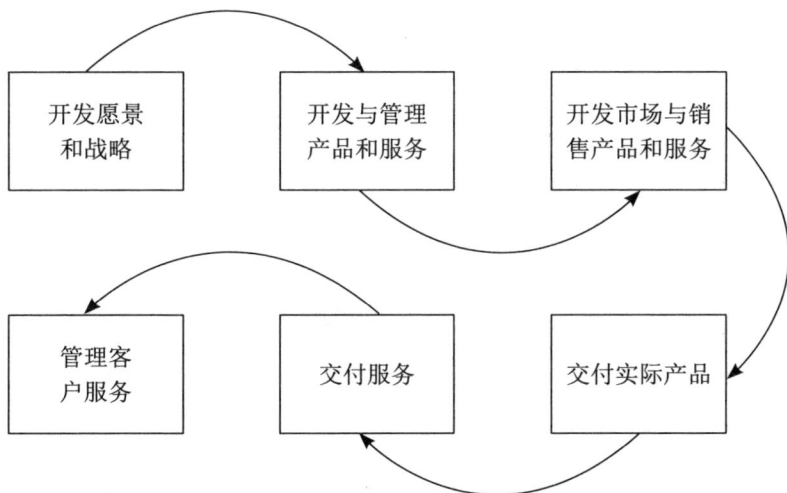

图 8-4 运营流程包含的版块

而根据流程的架构又能逐渐细分层次，不同的层次涉及的管理层和部门都不一样。

表 8-4 所示为运营流程的层次划分。

表 8-4　运营流程的层次划分

框架内容	一级流程	二级流程	三级流程
产品研发	研发管理流程	产品企划流程 产品研发流程 产品改良流程 产品包装设计流程 包装改版设计流程	研发物料采购流程 研发设备采购流程
生产加工	生产管理流程	生产计划流程 原材料采购计划流程 产品质量标准制定流程 设备采购流程	原材料供应商开发流程 原材料供应商招标流程 原材料供应商考核流程
产品营销	营销管理流程	新品上市营销企划流程 营销计划流程 促销管理流程	销售计划流程 经销商拓展流程 经销商评估流程 调价流程 促销活动审批流程 投诉处理流程 广告片制作流程 广告投放流程
……	……	……	……

管理流程即是企业各职能部门的管理流程，主要为企业运营提供支持和帮助，包括人力资源开发与管理，信息技术管理，财务管理，行政管理，资产的获取、建设与管理，企业风险、合规和应变能力管理，外部关系管理，业务能力开发与管理等版块。若对相关内容细分层次，见表 8-5。

表 8-5　管理流程的层次划分

框架内容	一级流程	二级流程	三级流程
人力资源开发与管理	人力资源管理流程	人力资源规划制定流程 招聘管理流程 培训管理流程 绩效管理流程 员工职业生涯规划流程	面试流程 年度薪资调整流程 员工离职流程 辞退管理流程 离职手续办理流程 员工晋升管理流程 员工调岗管理流程
财务管理	财务管理流程	企业年度预算制度流程 企业年度预算调整流程 融资管理流程	计划内资金使用流程 计划外资金使用流程 固定资产盘点流程 费用报销流程 费用借支流程 财务报告编制流程
行政管理	行政管理流程	采购管理流程 会议管理流程 公文管理流程	易耗品采购流程 易耗品领用流程 车辆使用流程 公文起草审批流程 合同审批流程 档案借阅管理流程
……	……	……	……

拓展贴示 *流程管理的常见问题*

在执行流程管理的时候，因为管理方向和重点等因素，可能导致企业内部管理中出现以下几种常见的问题。

①流程管理并未起到应有的作用，虽然企业制定了详细的流程管理内容，但如果没有执行力度，就会导致流程管理形同虚设。

②流程管理与企业实际经营脱节，管理者如果在做流程管理规划时，没有考虑到外部环境，那么可能无法明确判断实际的业务范围和业务情况，对企业实际运作没有帮助。

③流程太过烦琐，显得无序，若不进行系统地分层和分级，会给企业带来损耗。

④企业内很多流程都是跨部门或是跨管理层，若是流程与流程之间分割，会导致企业内部的业务或工作存在冲突，这样用于沟通的安排会更多，耗费相关人员的时间。

若是企业存在以上流程管理的问题，就会导致企业无法快速适应当前市场和经营环境的变化，所以管理人员要引起重视。

10
掌握流程管理体系，让流程落地

流程落地，简单来说就是将流程在企业内推进和执行，形成流程管理体系，主要包括四个阶段：流程规划、流程建设、流程执行和流程运营。

①流程规划。流程规划主要解决两个问题——"要做什么"和"怎么做"，明确了这两个问题便对流程的目标和内容就有了清晰地把握。

②流程建设。依据要求识别所需，确定实施过程所需的准则和方法，开发流程文件，对流程设计方案进行试点确认。

③流程推行。将设计流程与企业业务进行适配，向各部门进行宣传，看是否能顺利引导员工工作。

④流程运营。为了让流程管理落到实处，流程分层授权与管理机制必须建立，这样可对流程成熟度进行评估或是对绩效进行管理。

11
流程管理的直观表现——流程图

无论是运营管理还是职能管理，都需要通过流程图的形式向员工展示工作思路，所以无论是管理者还是员工都需要对流程图有一个基本的了解。

首先我们需要了解一个完整流程的六大要素，如图 8-5 所示，流程的六要素分别是输入资源、输出结果、各个流程、相互作用、对象和价值。

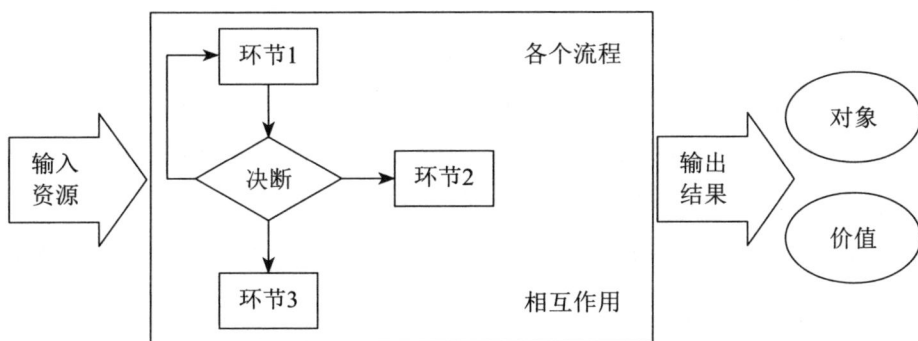

图 8-5　完整流程的六大要素

而流程图通过各种形式来展现流程的这六大要素，每一种流程图都有特定的形状和例子，如图 8-6 所示。

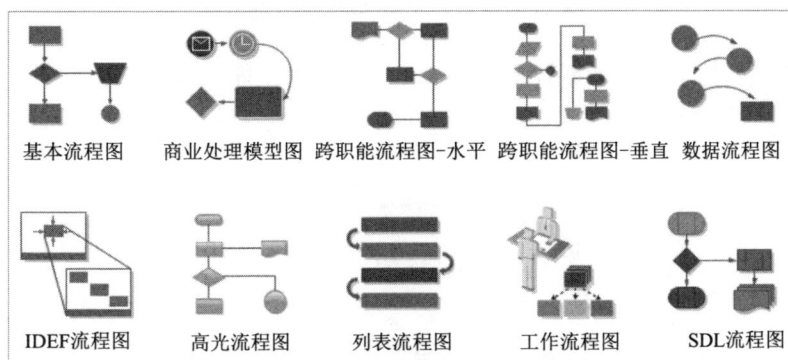

基本流程图　商业处理模型图　跨职能流程图-水平　跨职能流程图-垂直　数据流程图

IDEF流程图　高光流程图　列表流程图　工作流程图　SDL流程图

图 8-6　每种流程图的特定形状

①基本流程图。常用于定义和记录基本工作和数据流、财务、生产和质量管理流程以提高业务效率。

②商业处理模型图。是在工作流程中指定业务流程的图形表示。

③跨职能流程图。常用于显示一个业务流程和负责此流程的职能单位（比如部门）之间的关系。

④数据流程图。是分析和构建信息流程的重要建模技术。

⑤IDEF（集成定义方法）流程图。用于应用结构化方法，以便更好地了解如何提高生产效率。

⑥高光流程图。用于创建外观精美的流程图。

⑦列表流程图。用于绘制通用的列表、方块列表、图片列表和表格。

⑧工作流程图。用于创建信息流、业务流程自动化、业务流程再造工程、会计、管理和人力资源任务等相关的示意图。

⑨SDL（代表规范和描述语言）流程图。广泛用于电信、航空、汽车和医疗行业进行开发模拟器等。

而无论何种流程图都需要通过各种图形、箭头来表示具体活动和顺序，对于企业来说，使用最多的是基本流程图。为了便于识别每个步骤和环节，有一些通用的标准流程图符号和用法需要管理者进行了解，见表8-6。

表8-6　基本流程图的习惯表示

形状图形	形状名称	含　义
	圆角矩形	表示"开始"与"结束"
	矩形	表示行动方案、普通工作环节用
	菱形	表示问题判断或判定（审核／审批／评审）环节

形状图形	形状名称	含　义
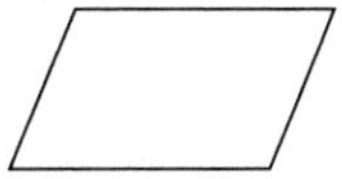	平行四边形	表示数据输入输出
	箭头	代表工作流方向
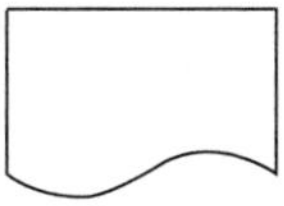	文件	表示文件，可以是生成的文件，或者是调用的文件
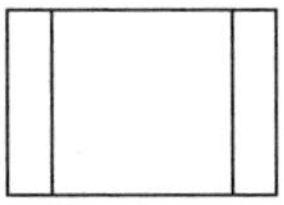	双边矩形	一般出现在较为复杂的流程图中，对流程走向进行预设处理，即子流程
	括弧	表示注释、说明，也可以作条件叙述。日常使用时，会对某一阶段的流程进行执行说明，或者需特殊操作时使用
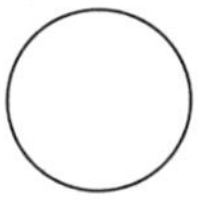	圆形	页面内引用，表示某种联系，一般在同一流程图中对一个进程到另一个进程的交叉引用
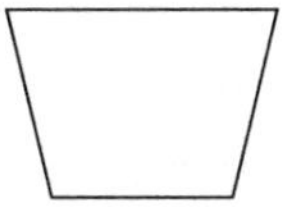	梯形	表示人工操作，指需要用户手动操作调整的内容，如修改、搜索、删除和提交等
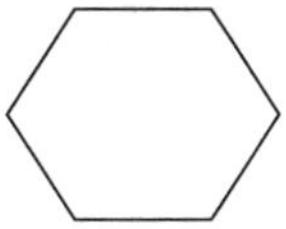	六边形	表示准备，即进入流程前的准备状态，大多数人用作流程的起始，类似起始框
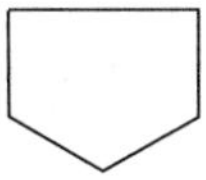	—	表示跨页引用，相当于跨页的连接器，实现跨页的引用和跳转
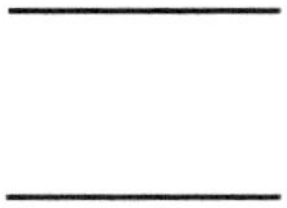	平行线	表示并行模式，一般用于程序流程图中，指两个流程或一个流程的两部分或几部分是同时进行的，在并行模式的框内可以添加其他部件

形状图形	形状名称	含　　义
	—	表示条带，一般用于系统流程图中。
	—	表示卡片，一般用于系统流程图中
	直角梯形	表示人工输入，即用户通过计算机键盘手动输入的数据
	圆柱体	表示从数据库中获取数据信息
	—	表示展示，指在网站或设备上展示的信息，比如首页轮播图、商品详情页等
	—	表示循环限值，指循环开始或结束的条件
	—	表示队列数据

　　这些符号、图形在流程图中的用法都是约定俗成的，熟练掌握能够传递很多有效且关键的信息。在日常工作中，员工面对的更直接的就是流程图，管理者向员工传递信息通过流程图更高效。

　　流程图是使用图形表示过程或思路的一种方式，其优势是一目了然和传递方便，缺点就是表达不似文字那般完整，容易引起误会。因此，对于流程图的基本要素和符号，管理者一定要掌握，并自如运用，这样才能更好地推行流程管理。

第9章

应对管理职业生涯的
疑难问题

新晋的管理人员在面对一个新的团队时，总是会遇到一些疑难问题，如员工不服从管理、员工工作效率低下及员工情绪不稳定等，这些都需要管理者发挥自己的能力，通过有效方法进行解决。

01
应对下属抱怨要遵循的四个步骤

公司无论怎样完善管理机制，还是会有不足之处，不可能让每个员工都满意。同理，管理者不论怎样提高自己的管理能力，还是会出纰漏，因此，员工抱怨也是理所当然的。

新晋管理者不要因为有员工抱怨就怀疑自己，要用平常心对待，同时要找到解决的办法。一般来讲，听到员工抱怨，管理者可以通过以下四个步骤来应对。

（1）仔细聆听

抱怨分很多种，很多员工的抱怨只是一时情绪的表达，并没有什么特别的理由，可能是工作压力大，也可能是绩效考核不好，或是工作遇到困难。

对于这种类型的抱怨，管理者只需仔细聆听即可，可以向员工表达自己的关心和尊重，同时也让员工抒发不满。在之后的工作中，员工会更加信任管理者，工作更有干劲。

（2）了解事实

员工抱怨若事出有因，在不了解情况的时候，管理者不要轻易下结论，要尽量与员工沟通，了解事情的前因后果。再根据员工记述事实，多了解公司政策和其他员工意见，经过思考后做出答复或给出解决方案。

这样经过深思熟虑，员工会觉得管理者将自己的困难放在心上，有理有据，让人信服。如下例所示。

评选"先进员工"的问题

李某是某公司营销部的员工,主要负责产品售后。该公司每年都会评选"先进员工"加以表彰,并奖励一笔奖金。今年评选后,李某并未被选上,所以有些郁闷,在向部门主管汇报工作时,流露出了抱怨之意,暗示自己做了很多工作,解决了很多售后的问题,为公司挽回了声誉,但并未得到公司的认可。

营销部门的管理者听到李某的抱怨后,并没有不悦或急躁,而是心平气和地与李某沟通。

"小李,其实我一直都有关注你的工作,知道你工作认真,不过年终评选,一般都是给业绩优秀的员工的,这次评选的员工每一个都是大家看在眼里的销售精英。"

听到部长认真与自己沟通,李某也渐渐平复了心情,说明自己工作的要点。

"部长,销售的确很重要,但是我们售后也付出了很多,今年更换了供应商,很多客户对新的产品材质不是很满意,都是我忙前忙后负责处理的。"

"原来是这样,小李,你的心情我完全理解,不过我需要好好了解一下你今年的工作,之后一定给你答复,好吗?"

营销部长在与小李交谈后,就对售后这一块的工作仔细调查,发现小李确实做了一些关键事件,而公司领导层确实忽略了小李的工作。经过营销部长的反映,上级管理层研究后,决定将小李评为"先进员工",并补发了奖金。

营销部长并未因小李的抱怨感到不耐烦或是不接受,而是仔细询问其意见,交谈完后对双方交谈事项进行了调查,既缓解了对方的情绪,又解决了员工的不满。

（3）解释原因

很多时候员工不理解公司的政策和决定，对公司产生不满，管理者有义务向员工解释清楚。员工了解公司真正的意图，这样就算员工不能百分百理解，也能化解一部分的不满情绪。如下例所示。

案例实操

优秀人才的评选规则

张某是某公司行政部的员工，该公司每年都会评选"优秀技术人才"，今年张某一直勤勤恳恳地工作，希望被评选上，但最终结果让其很失望，便和行政部的同事抱怨。

最终传到行政部经理的耳中，为了营造部门的良好氛围，经理请张某到办公室进行交流，希望了解张某的真实想法。

张某向经理抱怨道："在行政部工作一年，每天按时上班，从不迟到早退，帮助公司进行制度改革，还牺牲了很多个人时间加班，却没有被评为优秀人才，这让人难以接受。"

经理了解张某的工作态度，也清楚他的确做了很多工作，所以耐心向他解释："我了解你说的都是真的，你确实在工作中尽职尽责，去年的制度改革你提的很多意见都被采纳，我很看好你的工作能力和态度，你会得到相应的奖励，包括满勤奖金、岗位津贴和绩效奖金。但是优秀技术人才的评选范围主要是对研发部和销售部，评价员工有没有为公司创造新的价值，如突破性技术、新的客户。

其实你不用太过在意这个奖，只要你努力工作，公司会给你相应的奖赏，这点不用担心。"

经过经理的详细解释，张某也理解公司政策和评选规则，没有再继续抱怨。

可见，下属的抱怨很多时候是对公司的政策不理解，若是管理者能全面告知员工，一定能获得员工的理解。

（4）公正

员工大多数的不满可能都来自管理者的不公正处理，因此为了避免员工的抱怨和不满，管理者要懂得约束自己的行为，按照公司政策公正地奖赏和处罚员工。如果自己是公正行事，却被员工误会的，管理者也只需将事实告知员工即可，如下例所示。

案例实操

抱怨领导不公

周某是某公司采购部的员工，他觉得自己总是工作多、拿到的奖励却少，而相比其他人，自己一直处在忙碌的状态下。周某甚至觉得经理故意将较难的事项划给自己，因此总是诸多抱怨。

一来二去，经理知道此事后，非常重视，找时间与其进行沟通。了解了周某抱怨的实际原因后，采购经理提出了自己的看法："你刚进公司半年，公司之所以安排你很多工作，也是想让你尽快适应采购部的有关工作，掌握更快捷的方法，其实很多事你静下心来想一个更稳妥的办法，或是向同事请教是很容易完成的。公司有公司的规定，我们在安排工作的时候，都有自己的考量，是为每一个员工着想的，并不会出现区别对待，这对公司的业绩也没有积极意义。

你在工作中应该多用心熟悉业务，而不是选择抱怨，就算有什么要求，可以提出来，只要符合公司的规定，我们都会尽量满足。"

周某听了经理的话觉得很有道理，顿时觉得自己太过情绪化，遂向经理保证不会再这样了。

识别"问题员工"，用不同方法应对

虽然公司有相关的规章制度来约束和指导员工工作，但是对新晋管理者来说，总有那么一两个"问题员工"会不服从管理，或是制造一些问题，这对管理者来说是一种挑战。如果不约束好问题员工，对团队的凝聚力也会有影响。

常见的问题员工会表现出工作拖沓、不肯配合、吹毛求疵、喜欢抱怨以及不喜欢分享等行为，如何管理这些问题员工呢？对于不同的问题员工，管理者应该采用不同的管理方式。

（1）特立独行

在一个团队中，总会存在些特立独行的人，这类型员工在公司中一般是很有工作能力和创新能力，但也因为太有主见、太自我，所以容易违反公司纪律，出现与同事交往不顺利等问题。管理者一般对这类员工是又爱又恨，因而更要把握好管理的方向和尺度。

一是，要与其进行沟通，肯定他们的工作能力，不要打击其创新的热情。

二是，要让其意识到公司规章制度的重要性，向其传递公司的价值观。可以时不时在团队会议上重点强调大家容易违反的规定，或是定期进行员工守则测验。测验不是为了要求员工得到多少分，而是通过测验让员工了解公司的基本制度。

（2）太过古板

与特立独行相对的就是太过古板、太过墨守成规的员工，这类员工做事规规矩矩，不容易出差错，可却很难要求他们为团队发展提出任何意见，有时因为过于重视程序，而导致绩效成绩不好。

对这类型的员工，管理者应多费心指导其如何巧妙地工作，指出其可以进步的地方。另外，就是要在员工的脑子里植入创新和变通的意识，在团队内营造这种氛围，以此带动员工。

（3）完美主义

完美主义类型的员工通常比较固执，对自己要求高，对其他人的要求也高，所以容易钻牛角尖。而且太追求完美也会令工作进度难以达标，这对团队业绩来说不是一件积极的事。作为管理者一定要尽快发现并解决这种弊端，不过完美主义的员工一般已经形成了自己的一套做事风格，很难在短时间内改变，管理者可以做好如下一些事。

①重视优点，发挥优点，完美主义的优势和弊端都很明显，管理者可以不断引导放大员工的优点，如善于分析、做事一丝不苟，找到适合其完成的工作任务，如分析数据、制作图表和归类整理等。

②尽量规范团队内部的工作方式，这样可以给完美主义的员工一个自在的工作环境，也能加强其与其他员工的契合度。

③管理者需要在团队内强调时间期限的重要性，让员工明白工作效率和质量并重，如果不能及时完成，损失是不可估量的。

④管理者应该更加注意自己的行为准则是否是高标准、严要求，以身作则能够给完美主义的员工留下好印象，让其更尊重自己。这样管理者安排的工作，员工才会心悦诚服地执行。

（4）懒于行动

有的员工比较会钻空子，面对工作总是推三阻四，不积极，这种员工在企业内若是很多，势必会造成不好的影响，对认真工作的员工不公平，所以管理者一定要认真管理这类员工。

首先，要考虑公司的规章制度是否合理，是否给有些员工偷懒或是推卸责任的机会。管理者要编制好岗位说明书，让员工清楚各自的职责，并运用绩效管理制度，对员工的工作进行考核，奖励那些工作认真的员工。

其次，可以激发员工工作的热情，通过工作收入、成就感等方面，让员工投入到工作中。

再次，管理者可以让这类员工担任小组组长或验收人员，让其承担一定的责任，有了压力后，自然就知道主动工作了。

最后，要善用目标管理，让员工明白工作任务的最终目标，并对目标进行分解，这样可以通过目标一步步引导员工工作。

（5）推卸责任

有很多员工缺乏责任感，无论工作做得怎样，总想着把责任推给其他人。出现这种现象或许是公司管理太过苛刻，或许是公司的责任划分不明确，不过这种时候管理者就要及时杜绝，不能让员工之间互相推诿工作职责。

①管理者应该在员工面前树立榜样，如果有任何出错的地方，要及时承认错误并补救。

②懂得授权给员工，让员工掌握一定的能动性，明白团队工作的责任并不只在管理者身上，员工也应该主动承担一些责任。

③管理者时时鼓励员工的能动性，塑造员工在工作中的主动地位。

（6）爱挑剔

团队中可能会有一类比较"惹人厌"的员工总是挑剔，对工作挑剔，对同事挑剔，这样很容易给团队造成不好的影响。对于这类员工，管理者要尽量照顾其敏感心理，让其找到参与感。

一是多与其沟通工作中的事，这类员工会觉得自己很受重视，将自己视作该项业务的参与者，不会过多挑剔。

二是与其产生联系，从称呼上改变，多用"我们"作为商量工作的开头，给了员工充分的体面。

（7）性格不好

性格不好的人无论是与其交往，还是一起工作，都会给人很大的负担，让人觉得疲劳，稍不注意就会产生冲突。这样也会影响团队的日常工作效率，所以对性格冲动的员工，管理者要学会疏导其情绪，回避冲突，这样才能解决问题。可以通过图 9-1 所示的流程来缓解冲突。

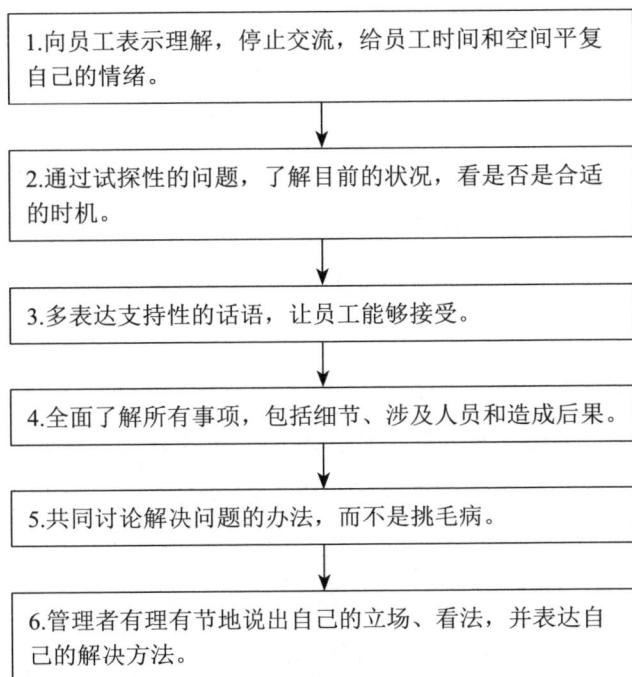

```
┌─────────────────────────────────────────┐
│ 1.向员工表示理解，停止交流，给员工时间和空间平复 │
│   自己的情绪。                              │
└─────────────────────────────────────────┘
                    ↓
┌─────────────────────────────────────────┐
│ 2.通过试探性的问题，了解目前的状况，看是否是合适 │
│   的时机。                                  │
└─────────────────────────────────────────┘
                    ↓
┌─────────────────────────────────────────┐
│ 3.多表达支持性的话语，让员工能够接受。         │
└─────────────────────────────────────────┘
                    ↓
┌─────────────────────────────────────────┐
│ 4.全面了解所有事项，包括细节、涉及人员和造成后果。│
└─────────────────────────────────────────┘
                    ↓
┌─────────────────────────────────────────┐
│ 5.共同讨论解决问题的办法，而不是挑毛病。       │
└─────────────────────────────────────────┘
                    ↓
┌─────────────────────────────────────────┐
│ 6.管理者有理有节地说出自己的立场、看法，并表达自 │
│   己的解决方法。                            │
└─────────────────────────────────────────┘
```

图 9-1　缓解冲突的流程

03
如何应对下属不接受工作变化的情况

作为管理者日常工作就是安排员工工作，这看似简单，其实是非常考验管理能力的。对于新晋管理人员来说，若不能合理安排员工的工作，可能会遭到员工的反对，那样就比较麻烦了。

遇到员工不接受安排给他的工作，管理者不要急躁或是通过职位去压制员工，要冷静下来，先找自己的原因，看看自己的安排有无不妥之处。可以询问自己以下一些问题。

①你的安排是否合理，是否深思熟虑过？

②自己是否从来没有参与过团队的工作任务？

③有没有清楚地向员工说明任务？员工是否理解自己交代的任务？

④我交代给员工的任务其是否能完成？或者是否有能力完成？

⑤交代的任务是否有不合理之处，或者不协调的地方，让工作没有办法继续？

若是经过一番思考后，觉得自己的任务安排太过草率，就应该及时修改，询问员工意见，再安排其开展工作。若是工作任务是合理的，那管理者就要考虑员工本人的问题，或是分析员工不接受的原因。可以通过以下几个问题探究相关原因。

①员工是否清楚这是其职责范围内的工作？

②是不是所有员工都不愿意接受该项工作任务？

③员工是否了解其不接受工作任务的后果？

④员工的工作态度是否有问题？

⑤员工是否故意不配合工作？

管理者要学会从多个方面去思考问题，员工不愿意接受安排的工作一定是有原因的，要么是工作内容不合理，要么是员工的态度有问题。优秀的管理者懂得协调员工的工作，尽量为员工找到适合的工作任务。

而遇到员工抵触安排的时候，就是发挥管理者协调能力的时候了。不过员工对某件事有抵触心理的话，可能情绪会比较敏感和消极，所以管理者要做好以下四点。

①懂得鼓励员工，在员工没有信心完成某项工作的时候，管理者一定要给予员工信心，告诉员工为什么其适合做这项工作，有哪些优势。

②管理者要了解员工，对员工的长处和短处，以及性格等有一定了解，这样才能更好地管理员工，知道什么工作员工会积极去做，什么工作员工不愿意去做。

③懂得引导员工，向员工阐述工作的重要性和员工要承担的责任，表示自己会全力支持和帮助他。对于该工作任务的重点和难处提前给员工分析，让员工了解自己的情况。

④管理者不能置身事外，将工作的责任推到员工身上，而应该给员工底气，让员工放手去做。

04
团队合作不齐心，运用补位机制

在一个团队中每个员工的工作职责都是安排好的，每个人也都有自己的位置，大部分的时候都是各司其职，互不干扰，不过也会出现这样的情况，团队中某位员工突然离职，或是因特殊情况不在岗位上，那么其所进行的工作可能就此停下，对原本的工作进度会有很大的影响。

所以为了保证团队工作的有序进行，很多管理者都会采用补位机制，即及时补充员工接手工作，保证工作顺序开展。但是很多时候，在团队中推行补位机制不容易成功，因为员工只有在接受管理者授权和安排的时候，才会主动承担其他成员的工作。

往往只有在团队一心，成员彼此合作无间的情况下，才会出现自动承担其他员工工作责任的情况，员工自动补位实属不易。所以，这也是管理者要面对的一大难题。

管理者需要从两方面来推进补位机制，一是设置连贯、合理的制度，让员工按照制度内容行事；二是加强团队凝聚力和员工自觉补位的意识，让员工意识到工作进度的拖延对团队整体都是损失，与每个员工息息相关，逐渐培养其自觉工作，实现自我价值。

领导者要让员工相信，补位工作能够让员工不断提升自己的能力，员工能够快速掌握处理各种问题的技能，这也不失为一种于个人有益的成长。

如下例所示为某公司员工的补位规定，管理者可以学习借鉴。

案例实操

员工补位服务规定

一、本部门任何岗位的员工除了努力完成本岗位工作外，还必须具有强烈的整体服务意识。

二、当一名员工服务有疏漏，或未意识到客人的需求时，另一名员工要马上补位，满足客人的要求，以形成整体的"完美服务"。

三、当岗位上发生问题是或将要发生问题时，第一个意识到、预测到问题的员工必须迅速出现承担，切实解决，哪怕问题出现在其他岗位的员工身上，以保证服务滴水不漏。

四、服务一致对外，任何一点问题，一个差错都决不暴露在客人面前，一旦出现情况，发现者要抢先补位，及时满足客人的要求，内部问题下来后再解决。

团队成员之间产生冲突的调解方法

一个团队都是由形形色色的员工组成，彼此性格不同、能力不同、岗位工作不同，所以在一起工作难免会产生摩擦和冲突。作为管理者不用大惊小怪，做好基本的冲突管理即可。常见的团队成员间的冲突有以下几种情况。

①员工性格不合，互相不对付。

②言语攻击，互相反对对方的想法。

③挑剔彼此的工作方式、工作态度。

④互不交流，让团队氛围非常低沉。

一般来讲，遇到员工冲突的时候，管理者要通过图 9-2 所示的步骤来慢慢化解。

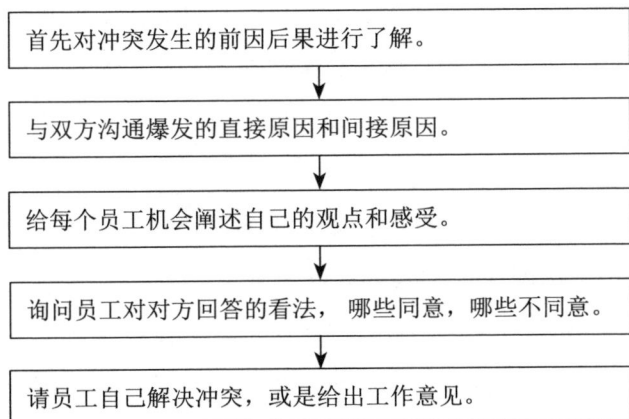

首先对冲突发生的前因后果进行了解。

与双方沟通爆发的直接原因和间接原因。

给每个员工机会阐述自己的观点和感受。

询问员工对对方回答的看法，哪些同意，哪些不同意。

请员工自己解决冲突，或是给出工作意见。

图 9-2　化解冲突的步骤

管理者能做的具体操作有如下几点。

①公开讨论。员工产生冲突，双方都有自己的立场，管理者直接公开讨论，能够让员工看到自己的公正，也能对对方的想法有所了解，打开交

流和沟通的过程。

②获取信息。获得的信息越多，管理者越能把握解决的方式。所以要听取各方面的意见，把不同的意见摊开来讲，就能试着找出冲突产生的原因。如果是误会，很快就能解开。

③保持中立。管理者一定不能首先站定立场，这样只会加剧员工间的矛盾，也不要试着点评谁做得对，谁做得不对。

④建立共同点。管理者可以从双方的意见中找出共同点，试着告诉员工他们彼此是有相似的地方，也有相同的观点，可以彼此认同。再来引导彼此讨论不同的意见，这样双方都能够更加心平气和。

06
如何让低绩效员工自觉工作

一个团队中有绩效高的员工，就有绩效低的员工，如果低效员工不能达到团队的标准水平，对团队的整体绩效是有很大影响的。低效员工有两种类型，一是工作态度不好，不愿意自觉工作；二是没有掌握工作方法，所以无法游刃有余地开展工作。

无论是哪一种情况，管理者都要负责将低效员工的效率提上来，这样才是一个称职的为团队利益考虑的管理者。

首先，管理者要让员工明白自己的工作到底是什么，不能今天让他干这种类型的工作，明天让他干另一种工作，这样员工会摸不着头绪，也不能从熟悉的工作中总结经验，提高自己的效率。最好的办法就是为员工列出主要的任务清单或是岗位说明，让员工对自己的工作有清晰的认识。如下所示。

1.负责组织并督促部门人员全面完成本部职责范围内的各项工作任务。

2.公司行政规章制度的制定、监督和执行，收集和了解公司各部门的工作动态，加强与有关部门协作配合。

3.代表公司负责来宾的接待事宜，做好公司的接待安排。

4.负责对公司人事工作的管理、监督、协调、培训和考核。

5.负责对公司财务工作的监管、办公和接待业务费用的审核。

6.负责公司发展规划、行政预算的编制。

7.负责召集公司办公会议，检查督促办公会议和公司领导布置的主要工作任务的贯彻落实情况。

8.负责公司办公用品和固定资产的购买、管理、分配和维修，做好物品进、出、存统计核算工作，采购严格按照采购流程进行。

9.统计员工考勤和处理各种请假，合理分配各部门公车的使用。

10.做好公司租金、水、电和员工宿舍的管理工作。

11.负责公司各项活动、节目的筹划、组织和安排。

其次，设定目标和计划，在为员工安排一项工作任务的时候，管理者一定要明确任务的最终目标和时间期限，如果可以的话，帮助员工一起做好工作计划，见表9-1。

表9-1　工作计划表

本月××工作计划								
姓名			岗位			时间		
级别	序号	工作内容及目标	开始时间	实施进度/天	计划完成时间	实际完成时间	完成情况	备注
重点工作	1							
	2							

级别	序号	工作内容及目标	开始时间	实施进度／天	计划完成时间	实际完成时间	完成情况	备注
例行工作	1							
	2							
	3							
临时工作	1							
	2							

管理者可以利用一些绘图工具提供的模板来设计不同的工作计划表，发送给员工。如下例所示。

案例实操

利用"图怪兽"绘图工具设计工作计划表

进入"图怪兽"官网首页，在搜索框中输入"工作计划表"文本，单击"搜模板"按钮，如图9-3所示。

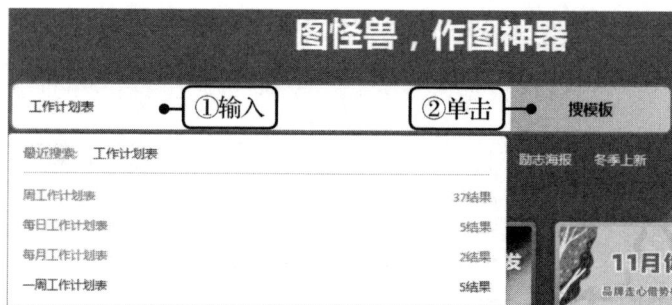

图9-3　进入官网首页

在跳转的页面中可以看到系统提供的工作表模板，选择适合的工作表模板，如图9-4所示。

图 9-4　选择适合的工作表模板

进入设计页面后，就可以对工作表模板进行编辑、更改图片、表格颜色以及填写具体内容，单击右上角的"无水印下载"按钮，如图 9-5 所示。

图 9-5　进入设计页面

在弹出的对话框中注册网站账号，登录后即可下载并发送给相关人员，如图 9-6 所示。

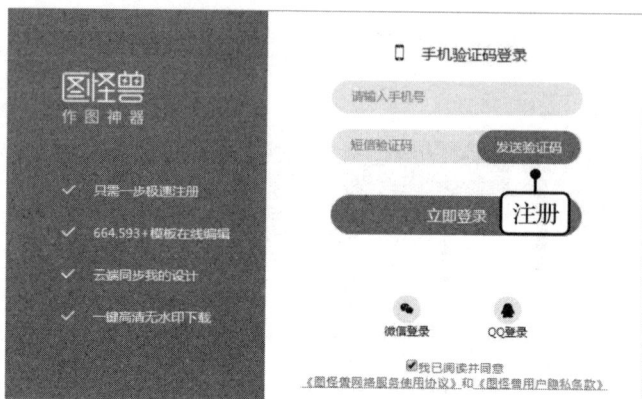

图 9-6　注册网站账号

除了表格以外，还可以通过工作计划书的形式来列示员工近期的工作，管理者给员工安排工作后，可以让员工写一份工作计划书，上交后由管理者对其进行指导，看看是否有安排不妥之处，这样员工可以更有效率地工作。

管理者要清楚合格的工作计划书必须满足切实可行、突出重点和防患未然这三个原则。另外，还要包括三个方面的要素。

①具体的工作内容，即做什么（what），列明计划中的工作目标、任务和要求，最好可以数据化、质量标准化。

②工作方法，即怎么做（how），对员工的工作方式进行查看，包括需要什么资源和条件，管理者可以帮忙准备。

③工作进度，即什么时间做（when），除了完成期限，还应该说明具体的时间划分。如下所示。

> 在第一季度，以 ×× 业务开拓为主。
>
> 在第二季度，以商标、专利业务为主。
>
> 下半年的"国庆""中秋"双节，有很大商机，设计三个促销活动。

另外，工作标准化、流程化也能从侧面提高员工的效率，如果一项工作任务已经有了标准的流程，不用员工再去摸索，员工工作起来自然得心应手。图 9-7 所示为某公司人事专员对员工培训效果的评估流程。

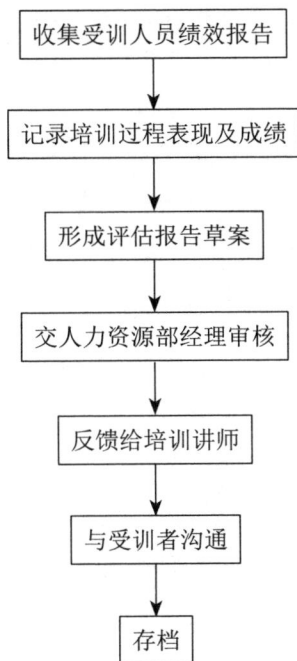

```
┌─────────────────────┐
│  收集受训人员绩效报告  │
└─────────────────────┘
           │
           ▼
┌─────────────────────┐
│  记录培训过程表现及成绩 │
└─────────────────────┘
           │
           ▼
┌─────────────────────┐
│   形成评估报告草案    │
└─────────────────────┘
           │
           ▼
┌─────────────────────┐
│  交人力资源部经理审核  │
└─────────────────────┘
           │
           ▼
┌─────────────────────┐
│   反馈给培训讲师     │
└─────────────────────┘
           │
           ▼
┌─────────────────────┐
│   与受训者沟通      │
└─────────────────────┘
           │
           ▼
      ┌─────────┐
      │  存档   │
      └─────────┘
```

图 9-7　对员工培训效果的评估流程

在清楚工作流程的基础上，管理者还需要让员工明白流程中每个环节的工作标准、基本的耗时以及最后达成的工作成果。

当然，绩效考核机制是最能激励员工提高工作效率的，管理者要依据团队的情况确定合适的考核方式，奖励高效员工，激励低效员工。

拓展贴示　*帮助员工提高效率*

管理者对员工的帮助是很大的，对于常常处在低效情况的员工，管理者更要重点关注，要经常性的对其工作状况进行指导和监督，及时纠正其错误的工作方式，这样员工就能逐渐进步。

如果员工的情绪低落影响到工作，管理者要承担心理咨询师的角色，及时注意到员工的问题，主动开导员工。

员工有负面情绪，管理者该如何疏导

无论是企业还是管理者，都希望企业能够更快更好地发展，所以要求员工不断提高自己的工作效率。很多员工在工作压力中会产生负面情绪，虽然这样没有对工作造成直接影响，不过若是置之不理，极可能留下隐患。

其实负面情绪并不是"洪水猛兽"，管理者不必害怕员工的负面情绪，只要重视起来，对员工进行疏导就可以找到对抗的办法，最可怕的就是置之不理。一旦员工积压的负面情绪过多，不仅影响团队氛围，还会对工作产生厌倦，从而降低工作效率。

首先，管理者要塑造开放的团队氛围，可以经常举行聚餐、团建及运动等活动，活跃团队氛围，不要让团队成员之间的关系成为员工的压力和负担，反之，要让员工在团队中释放自己的情绪。

其次，管理者对员工进行情绪管理，可以从引导积极情绪入手，了解员工产生负面情绪的原因，如是工作问题，还是员工关系问题，或是私人问题，然后对症下药，尽量将员工的负面情绪转化成正面情绪。

此外，管理者可以借助一些缓解负面情绪的工具来帮助员工，如吊袋沙包、压力球等，现在市面上缓解压力的器具有很多，管理者可以向公司申请采购。

对于一些大型的企业，管理者还可以制订员工帮助计划（EAP），是一套系统的、长期的福利与支持项目。通过专业人员对组织的诊断、建议对员工及其直系亲属提供专业指导、培训和咨询，旨在帮助解决员工及其家庭成员的各种心理和行为问题，提高员工在企业中的工作绩效。

EAP服务是一项专业的服务，具有以下四个特点。

①保密性，管理者若发现员工情绪问题，而公司又有EAP服务，可以

向公司提出申请，在了解员工具体情况时不会向任何人泄露资料，员工不必担心自己的隐私被泄露。

②EAP 服务对企业和员工双向负责，能够参与协调劳资双方的矛盾。

③EAP 服务会为来访者建立心理档案，然后做出整体心理素质反馈报告，并提供给管理者，让管理者可以更了解员工。

④EAP 服务时间高度灵活，而且帮助方式也多种多样，如 24 小时心理热线、面对面咨询、主题心理培训以及大规模心理讲座等。

常见的 EAP 服务内容有以下一些。

①专业的员工职业心理健康问题评估，包括员工心理生活质量现状，产生问题原因。

②职业心理健康宣传，如海报、健康知识讲座等形式，让员工产生正确认识，积极寻求帮助，而不是选择积压不良情绪。

③改善工作环境，帮助管理者改善工作硬环境，或是对团队建设、工作轮换给出建议。

④对管理者和员工进行培训，包括压力管理、挫折应对等。

⑤评估心理健康指数，建立企业员工心理档案，结合企业现状和管理方式，对员工进行持续性人文关怀。

最后，要懂得奖励员工，但是管理者要明白奖励也是有技巧的，及时奖励能够有效提高员工的积极性，给员工带来较大的积极影响。如果奖励延迟，激励的效果会大打折扣。即使做不到及时给予物质奖励，也不能忽视口头奖励，持续输入正面情绪，能够降低员工的负面情绪。